Gregory J.P. Godek

399 romantische Augenblicke

Widmung

Dieses Buch ist den tausenden Frauen gewidmet,
die es sich gewünscht haben … und den
Millionen Männern, die es dringend brauchen.

Und natürlich meiner Braut …
I.L.Y. – A.D.Y.F.I. (F.A.S!)
L.B.I.T.

Gregory J.P. Godek

399 romantische Augenblicke

Die besten Ideen für verträumte Stunden

Aus dem Amerikanischen
übersetzt von Bettina Blank

mvg

Die Deutsche Bibliothek – CIP-Einheitsaufnahme

Godek, Gregory J. P.:
399 romantische Augenblicke : die besten Ideen für verträumte Stunden / Gregory J. P. Godek. Aus dem Amerikan. übers. von Bettina Blank. – 2. Aufl. – Landsberg ; München : mvg, 2002
(mvg-Paperbacks ; 08404)
Einheitssacht.: 1001 ways to be romantic <dt.>
ISBN 3-478-08404-0

2. Auflage 2002
1. Auflage 2001 erschienen unter ISBN 3-478-08684-1

Titel der amerikanischen Originalausgabe: „1001 Ways To Be Romantic"
Aus dem Amerikanischen übersetzt von Bettina Blank.

Umschlaggestaltung: Vierthaler & Braun, München
Satz: Fotosatz H. Buck, Kumhausen
Druck- und Bindearbeiten: Ebner & Spiegel, Ulm
Printed in Germany 08404/030202
ISBN 3-478-08404-0

Inhalt

Danksagung

Tracey
Bruce
Courtney
Gerald Rosenthal
Kate Broughton
Betsey Seeley
Boston Center for Adult Education
The Main Course
Mary Ann Sabia
Andy Pallotta
Mary-Lynne Bohn
Mj
John & Jean
Warren & Judy
Maria Thomas & Pendragon, Ink.
Dominique & Mitch & Ben & Pat
Wayne Johnson
John „JB“ Bentz
Publishers Marketing Association
National Speakers Association
Bill McHugh & Kim Molloy & Courier Corp.
Patricia Wiklund
Nancy Michaels
Steven Jobs
H.S.
Lou Rizzo & UPS
Sam & The Group
Kate & Tom & Colleen (& Jake & Duffy)
Dr. Augustus & Maria Falcone
Orin & DaBen
Paul Ferrini
Richard Price & Graphic Illusions
Candy Means
Timothy Corbett
Brit
Wolfgang Amadeus Mozart

Über den Autor

Gregory J.P. Godek ist Autor, professioneller Redner, jung verheiratet und unheilbar romantisch. Romantisch aus Neigung war er schon lange, bevor die Romantik für ihn erst zum Hobby, dann zur Leidenschaft und schließlich zum Beruf wurde. Seit mehr als 15 Jahren beschäftigt er sich mit Beziehungen und veranstaltet seine populären Romantik-Seminare.

Auf Wunsch tausender Frauen hat er dieses Buch geschrieben.

Greg sagte einmal, was die Welt *nicht* brauche, sei noch ein Patentrezepte verheißender Psycho-Ratgeber. Wir brauchen auch nicht noch ein nettes Buch über die *Liebe* (das Männer ohnehin nie lesen würden). Was die Leute *sehr wohl* brauchen – und wonach sie verlangen –, ist eine Rückkehr zum Wesentlichen, in diesem Fall zur guten altmodischen Romantik (mit Updates für die Gegenwart): ein *praxisorientiertes* Buch mit *spezifischen* Ideen – denn statt verhätschelt und eingelullt zu werden, benötigen sie nützliche Empfehlungen und (ab und zu) einen kräftigen, schwungvollen Tritt in den Hintern. Dieses Buch liefert beides.

Greg hat gesagt, der Titel dieses Buchs könne sein „Willkommen in meiner Welt" (eine Referenz an James Thurber), weil es in Wirklichkeit von ihm selbst handele, von seiner Lebenssicht, seiner persönlichen Philosophie, seiner Liebe zu Frauen (zu einer speziell, zur Spezies generell), seinen Beobachtungen über Beziehungen und seiner riesigen Sammlung von Artikeln, Materialien, Referenzen, persönlichen Anmerkungen und Cartoons.

Dieses Buch richtet sich an alle, die mehr Freude, Glück, Frieden, Spaß und Leidenschaft in ihr Leben bringen möchten. Greg ist nicht so kühn oder naiv, zu glauben, Romantik sei DIE Antwort, aber er findet, dass sie EINE Antwort ist. Sie ist der Weg.

Seit Veröffentlichung der Erstausgabe dieses Buchs vor fünf Jahren hat Greg:

Romantik-Nachhilfe in der *Oprah Winfrey Show* erteilt,

bei *Donahue* über die Frage „Ist Ihr Partner romantisch ‚unterbelichtet'" diskutiert,

der U.S. Army Romantik-Unterricht gegeben,

fünf weitere Bücher geschrieben,

seine Bücher in fünf Sprachen veröffentlicht

und die größte Buch-Tournee aller Zeiten organisiert – die durch 50 Bundesstaaten/150 Städte führende, 21 Monate dauernde „Romance Across America" Tour.

Greg ist ein Unikum – jemand, der tatsächlich praktiziert, was er predigt: Er führt *in der Tat* eine glückliche Ehe. Für ihn hat Romantik nichts mit grauer Theorie, bunten Trends oder heiligem Rat „von oben" zu tun. Nein, Romantik ist das *Leben* - es gut zu leben, zur Fülle zu genießen und in Liebe zu teilen.

Hier mein süßer Käfer … Ein Valentinstagsgeschenk für dich
Ich bin nicht dein süßer Käfer!
© 1982 United Feature Syndicate, Inc.
2-14
Nimm's trotzdem, verdammter Sturkopf!
Ich liebe Valentinstag … Er ist so romantisch!

1 x 1 der Romantik

1

Romantik ist eine Geisteshaltung.

Mit der richtigen Einstellung können Sie das Saubermachen des Badezimmers romantisch finden. Mit der *falschen* Einstellung entwickelt sich aus einem Strandspaziergang im Mondschein ein böser Streit.

2

Romantik hat mit kleinen Dingen zu tun.

Sie dreht sich mehr um die kleinen Gesten – die Details, die den Alltag mit dem Partner spezieller machen, als um extravagante, kostspielige Gesten. (Obwohl auch das Außergewöhnliche seinen Platz im romantischen Repertoire hat.)

3

Es gibt zwei Arten von Romantik:

1. *Obligatorische Romantik*
2. *Optionale Romantik*

Beide sind wichtig, und obwohl mein Augenmerk auf der *optionalen* Romantik liegt, sollten Romantik-Einsteiger die obligatorische Seite nicht vergessen. Aber damit wir uns richtig verstehen: *Die optionale Romantik ist die romantischere Form.*

- **Obligatorische Romantik:** ihren Geburtstag feiern; ihm etwas zu Weihnachten schenken; den Hochzeitstag nicht vergessen; eine Kleinigkeit zum Valentinstag besorgen.
- **Optionale Romantik:** *alles andere.* Kleine und große Überraschungen; Dinner bei Kerzenschein; Champa-

gnerprickeln; kleine Wochenend-Fluchten; humorvolle, romantische, sexy, selbst gebastelte Kartengrüße; Zeit zu zweit; Fantasie; Massagen; spontanes Tête-à-Tête mitten in der Woche; Kino der Gefühle; Liebesbriefe.

4

Warum romantisch sein?

Wozu die Mühe? Ganz einfach: ***weil es Ihre Lebensqualität steigert.***

5

Romantik ist nicht geschlechtsspezifisch.

Fast jede Anregung in diesem Buch gilt für Männer ebenso wie für Frauen, obwohl ich manchmal „sie“ und manchmal „er“ sage. Vergessen Sie nicht: Tief in unserem Innern wollen wir alle das Gleiche im Leben. Männer und Frauen haben nur einen anderen *Stil* – keine unterschiedlichen Bedürfnisse.

Als ich vor 15 Jahren mit den Romantik-Seminaren begann, stand in der Unterzeile „Nur für Männer“, was ich für nur angemessen hielt ... denn, seien wir ehrlich, schließlich brauchen die meisten Männer einen kräftigen Tritt in den Hintern, wenn es um Romantik geht. Nach etwa einem Jahr begannen Frauen mich zu fragen, warum sie ausgeschlossen seien. Mir wurde klar, es gab keinen triftigen Grund, und ich ließ ab sofort auch Frauen teilnehmen. Die Kombination der Geschlechter entpuppte sich als Knüller! Das Miteinanderteilen, das Geben und Nehmen, die Möglichkeit für Paare, gemeinsam zu partizipieren – all das erhöhte den Nutzen für die Teilnehmer.

6

Hören Sie zu!

Mit den Ohren, dem Kopf und dem Herzen. Horchen Sie auf die Botschaft zwischen den Zeilen.

7

Gelegentlich romantisch zu sein ist eine Sache, aber *ein romantisch inspiriertes Leben zu führen erfordert kontinuierliches Bemühen.* Romantische Gesten sind das Wasser, das die zarte Pflanze Ihrer Partnerschaft am Leben erhält. Lassen Sie nicht zu, dass sie verwelkt!

8

Übertreiben Sie hin und wieder! Er liebt **m&m**s? Kaufen Sie ihm 20 Kilogramm davon!

9

Geben Sie Ihrem Partner Wahlmöglichkeiten.

Schnell oder langsam? Gold oder Silber? Jetzt oder später? Groß oder klein? Heute oder morgen? Rot oder blau? Klassisch oder avantgardistisch? Konservativ oder aus dem Rahmen fallend? Öffentlich oder privat? Teuer oder nicht? Modern oder antik? Hier oder dort?

10-11

- Packen Sie romantische Gelegenheiten beim Schopf! Sie sind überall: im Fernsehen, im Radio, in Zeitungen und Magazinen, in Schaufenstern usw.
- Nehmen Sie die Basics und verpassen Sie ihnen einen *kreativen Schlenker*! Ihre Fantasie ist Ihr wichtigstes Romantik-Utensil.

12

Romantik ist ein Ausdruck von Liebe. Sie ist nicht *dasselbe* wie Liebe – sie ist die *Sprache der Liebe.*

Du hast mir vor zwei Wochen versprochen, die Küchentür zu reparieren. Du solltest dich schämen!
© 1979 King Features Syndicate, Inc. World rights reserved.
Hier ist ein kleines Geschenk für dich, Liebling.
Was für hübsche goldene Ohrringe! Du bist ein wundervoller Ehemann!
7-2 YOUNG & RAYMOND
Jetzt muss ich ihr für ihren Geburtstag morgen ein neues Geschenk kaufen!

Tipps, die Ihr Leben verändern

13

Aus dem Alltäglichen das Besondere zaubern.

Zelebrieren Sie den Alltag. Nutzen Sie alltägliche Aktivitäten als Chance, Ihrem Partner Ihre Liebe zu zeigen. Gemeint ist nicht *Leidenschaft*, sondern *Zuwendung*. (Zur Leidenschaft kommen wir später ...) Mit ein wenig Voraus-schau können Sie aus dem Alltäglichen das Besondere zaubern. Essen Sie bei Kerzenlicht zu Abend. Binden Sie eine Schleife um die Tasse mit dem Gute-Nacht-Kakao. Knabbern Sie selbst gemachtes Popcorn, während Sie ein Video ansehen. Erklären Sie seinen Geburts*tag* zum Geburtstags*monat*! Bedanken Sie sich mit einer Flasche Champagner bei ihr für den Lebensmitteleinkauf. Legen Sie ihm eine Notiz auf den Autositz, wenn er zum Supermarkt fährt.

14

Eine Ausdrucksform allein ist nicht genug.

Liebe kann – und sollte – auf vielfältige Weise ausgedrückt werden. Die meisten von uns schießen sich auf eine Ausdrucksform ein, weil es bequemer ist. Der Partner empfindet das bald als *langweilig* und *abgedroschen*.

➢ Manche Menschen sind *verbal fit*. Sie reden viel mit Ihrem Mann, teilen ihm Ihre Gefühle mit? Großartig! Aber Sie sollten auch auf andere Weise kommunizieren, wie sehr er Ihnen am Herzen liegt. Teilen Sie sein Interesse für Fußball, Autos, seltene Vögel? Kleiden Sie sich ab und zu so, wie es ihm gefällt?

➢ Manche Menschen sind *aktionsorientiert*. Sie beweisen Ihrer Frau Ihre Liebe, indem Sie den Zaster heimbringen und den Müll raustragen? Schön und gut, aber Sie sollten ihr auch hin und wieder Blumen kaufen oder sie tagsüber anrufen, nur um zu sagen: „Ich liebe Dich“.

15

Holen Sie Leichtigkeit und Spaß in Ihre Beziehung zurück, indem Sie Romantik als Spiel für Erwachsene betrachten.

Einige Menschen – speziell Männer – betrachten Romantik als ernstes (düsteres!) und schwieriges Unterfangen. Von der Wahrheit ist das Lichtjahre entfernt! Wahre Romantik ist *einfach*, da nur ein Ausdruck dessen, was in Ihnen vorhanden ist: Gefühle der Liebe, Fürsorge und Leidenschaft für den Partner.

> ***Wir hören nicht zu spielen auf, weil wir alt werden; wir werden alt, weil wir zu spielen aufhören.***
> George Bernard Shaw

Das Konzept des Spiels für Erwachsene ist eine Aufforderung, lockerer zu werden, die Fantasie spielen zu lassen und sich an den Spaß und die Leidenschaft zu erinnern, die Ihre Beziehung am Anfang charakterisierten. Was wir als Kinder instinktiv beherrschten – zu spielen –, müssen wir als Erwachsene *neu lernen*. Viele Ideen in diesem Buch sind eine Anleitung zum Spielen.

16

Romantik ist eine Verknüpfung von zwei Wahrheiten:

1. *Taten sprechen lauter als Worte.*
2. *Es ist der Gedanke, der zählt.*

Diese Wahrheiten sind zwei Seiten einer Medaille. Denken Sie über sie nach.

> ***Romantik ist der Prozess. Liebe ist das Ziel.***
> GJPG

17

Lassen Sie andere Personen und Dinge für Sie sprechen.

Sie müssen nicht eloquent sein, um romantisch zu sein. Sie müssen keine brillante Poesie, ja nicht einmal mittelmäßige Liebesbriefe schreiben.

- ❀ Lassen Sie diese Personen für sich sprechen: William Shakespeare, Billy Joel, Paul McCartney, Charlie Brown, Susan Polis Schutz, Elisabeth Barrett Browning, Khalil Gibran.
- ❀ Lassen Sie diese Dinge für sich sprechen: Blumen, Plüschtiere, Grußkarten, Songtexte, Cartoons, Zeitungsüberschriften.

18

Romantik ist das Sahnehäubchen auf der Torte.

Romantik macht Ihre Beziehung süßer, spaßiger, reizvoller – aber sie ist nicht die Torte. Ihre *Beziehung* ist die Torte.

19

Versuchen Sie, das „reverse Romantik-Verhältnis" außer Kraft zu setzen:

- ➢ Je mehr Sie Romantik in Ihrem Leben brauchen, desto unwahrscheinlicher ist es, dass Sie sie praktizieren; je weniger Sie sie brauchen, desto wahrscheinlicher ist es, dass Sie sie praktizieren.

Zugegeben, einige von uns übertreiben. (Man muss schon ein Fanatiker sein, um dieses Buch zu schreiben, nicht wahr?! Aber der Spaß ist einfach so dominant, dass es schwer fällt, sich zu bremsen.)

Trotzdem brauchen die meisten Menschen *mehr* Romantik in ihrem Leben, sind jedoch oft zu sehr mit anderen Dingen beschäftigt, um das Defizit zu erkennen.

- ➢ Es gibt eine sehr einfache Methode, wie Sie feststellen können, ob Sie romantisch genug sind: Fragen Sie Ihren

Partner! Seine oder ihre Antwort ist die Wahrheit, ob Sie sie akzeptieren wollen oder nicht.

20

Achten Sie auf den „Afterglow"-Effekt.

Romantische Gesten, die Sie tätigen, lösen einen gewissen „Afterglow"-Effekt – ein „Nachglühen" – aus. Ihr Partner schätzt Sie mehr und verhält sich Ihnen gegenüber liebevoller. Daraufhin fühlen Sie sich mehr geliebt und baden in dem wohltuenden Gefühl, Ihrem Partner ein besonderes Geschenk gemacht zu haben.

Romantik ist kein Selbstzweck. Sie hat das Ziel, Ihren Lebensgenuss zu steigern, die Beziehung zu Ihrem Partner mit Wärme und Leidenschaft zu erfüllen. Die erfolgreichsten Beziehungen wirken wie in ein permanentes „Nachglühen" eingehüllt. Mehrere ältere Ehepaare, die an meinem Romantik-Seminar teilnahmen, schienen eine spezielle Art der Wärme auszustrahlen. Nach dem Geheimnis ihres langjährigen Eheglücks befragt, beschreiben sie es meist als „stille Romantik".

21

Nicht vergessen: Romantik ist kein Tauschobjekt!

Wer versucht, Romantik als Tauschpfand für Gunstbezeugungen oder Vergebung einzusetzen, stellt sich automatisch auf die Verliererseite. „Tauschgeschäfte" wie die folgenden sind verstaubt und haben im neuen Millennium nichts mehr zu suchen:

- Ich lade dich ins Kino und zum Essen ein, wenn du mit mir schläfst.
- Ich koche Essen für dich, wenn ich an dir herumnörgeln darf.
- Ich schenke dir Blumen, wenn du mir verzeihst.

Romantik ist der Ausdruck Ihrer Liebe zu Ihrem Partner – kein Tauschobjekt. Missbrauchen Sie sie, setzen Sie den Wert der Geste *und* Ihrer Beziehung herab und sind gezwungen, Ihren Einsatz beim nächsten Mal zu erhöhen.

Romantik-Klassiker

22

Stoßen Sie jedes Mal, wenn Sie ein Glas Wein oder Sekt in der Hand halten, gemeinsam an. Sehen Sie sich in die Augen. Bringen Sie mit zärtlicher Stimme einen Trinkspruch auf den anderen aus.

23

Erwecken Sie den Kavalier in Ihnen zum Leben. Frauen lieben Gentlemen.

❀ Halten Sie die Wagentür für sie offen. Ziehen Sie ihr den Stuhl zurück. Helfen Sie ihr in den Mantel.
❀ Ältere Frauen werden begeistert sein über das Wiederaufleben galanter Umgangsformen.
❀ Junge Frauen müssen lernen, diese Höflichkeitsgesten als Zeichen des Respekts und der Zuneigung zu werten, statt sich durch sie minderwertig oder gar hilflos behandelt zu fühlen.

24

Gehen Sie tanzen!

Gesellschaftstänze feiern ein furioses Comeback. In Tanzbars, Restaurants, in Cafés und auf Veranstaltungen erklingt wieder der Sound von Glenn Miller, Benny Goodman und den großen Big Bands.

25

Kennen Sie ein klassischeres Liebesgeschenk als ein feines goldenes Medaillon mit Ihrem Foto darin?

26

Ein echter Klassiker ist eine Kanufahrt am Wochenende auf einem ruhigen, trägen See oder Fluss. Kleiden Sie sich lässig-salopp, packen Sie den Picknickkorb voll mit Leckereien – und genießen Sie!

27

Schreiben Sie ihm einen Liebesbrief! Senden Sie ihr ein Gedicht! Komponieren Sie einen Song für ihn!

Für alle Fälle vorbereitet

28

Seien Sie jederzeit gerüstet für spontane Romantik-Fluchten! Halten Sie eine Reisetasche mit allem Nötigen für ein oder zwei Übernachtungen bereit, die Sie unter dem Bett oder im Kofferraum Ihres Wagens verstauen.

29

Gehen Sie los, und kaufen Sie für 25 DM Grußkarten.

Stellen Sie keine Fragen – *tun Sie's einfach!* Steuern Sie einen Laden mit großer Auswahl an, und nehmen Sie sich eine gute Stunde Zeit, das Material zu sichten. Lesen Sie alle Far Side-Karten. Studieren Sie alle Peanuts-Karten. Spüren Sie die sexy Karten auf. Legen Sie sich *einen Vorrat* an Geburtstagskarten zu. Suchen Sie einen Haufen Freundschaftskarten aus. Besorgen Sie ein paar sentimentale Karten. Und vergessen Sie nicht die Blanko-Karten ohne Text – eine Fläche für Ihre eigene Fantasie.

Jetzt sind Sie auf alle Fälle vorbereitet!

➢ Halten Sie einige Karten am Arbeitsplatz bereit.
➢ Frankieren Sie die Umschläge vor, um später Zeit zu sparen. (*Liebesmotivbriefmarken* wählen!)

30

Jederzeit einkaufsbereit! Bringen Sie *alle* Größen Ihres Partners in Erfahrung. Sie sollten in der Lage sein, ihm oder ihr jedes beliebige Kleidungsstück zu kaufen, mit 80 Prozent Passgenauigkeit.

➢ Könnten Sie ihr spontan ein Dessous kaufen, das passt? Einen Mantel? Einen Pullover?

➢ Könnten Sie ihm auf der Stelle ein Paar Schuhe kaufen? Handschuhe? Einen Hut?

> ***Romantik handelt von den kleinen Dingen.***
> GJPG

31

Markieren Sie alle wichtigen Daten in Ihrem geschäftlichen oder privaten Terminkalender. (Geburtstag, Hochzeitstag, Valentinstag, andere persönlich relevante Daten ...) Ergänzen Sie Notizen, die Sie daran erinnern, *mindestens eine Woche im Voraus* eine Karte zu schicken oder ein Geschenk zu kaufen.

32

Machen Sie eine Liste mit mindestens zehn Dingen, von denen Sie *wissen*, dass sie eine Schwäche für sie hat. Verlieren Sie keine Zeit – *tun Sie es jetzt!*

33-40

Seien Sie vorbereitet – für alles! Sie sollten stets im Haushalt haben:

- Eine Flasche Champagner
- Liebesmotivbriefmarken
- Kerzen
- Ein albernes und/oder billiges „Kitsch-Geschenk“
- Eine ernste/romantische Grußkarte
- Eine humorvolle/romantische Grußkarte
- Hübsche Unterwäsche als Geschenk
- Eine CD mit Kuschelmusik

41

Ergänzen Sie Ihre berufliche Aufgabenliste um die Rubrik „Romantik“. (Was nutzt es, im Beruf Erfolge zu feiern und dafür im Privatleben jämmerlich zu versagen?) Die Romantik-Rubrik erinnert Sie daran, dass es einen anderen wichtigen Bereich in Ihrem Leben gibt.

42

Richten Sie einen „Geschenke-Schrank“ ein. Kaufen Sie Geschenke im Voraus: bei Rotstift-Aktionen, im Schlussverkauf, auf Schnäppchenjagden – wann immer Sie Lust dazu haben. Diese Geschenke heben Sie dann auf, um sie bei passender Gelegenheit hervorzuholen.

- Sie müssen nie wieder auf den letzten Drücker durch die Läden hetzen, auf der Suche nach einem Hochzeitstagsgeschenk.
- Schenken ist ab sofort mit weniger Stress und mehr Spaß verbunden.
- Ihr Partner schätzt Ihre Voraussicht.
- Sie sparen Geld.
- Sie können ein „Überraschungs-Ass“ aus dem Ärmel ziehen, wenn Sie ihr eine Freude machen möchten.
- Bei Platzknappheit kann der „Geschenke-Schrank“ auf eine „Geschenke-Truhe“ oder „Geschenke-Schublade“ reduziert werden.

43

Ein selbst verpacktes Geschenk macht doppelt so viel Freude. (Ein Hinweis speziell an die Männer: Die Verpackung ist fast so wichtig wie der Inhalt des Geschenks.) Sie sollten deshalb immer genügend Geschenkpapier, Schleifen, Bänder und Schachteln im Haus haben.

44

(Für die eher Ungeschickten ...) Wer Mühe mit dem Verpacken von Geschenken hat, sollte dekorative Schachteln und Geschenkbeutel als „Tarnung“ für improvisierte Präsente parat haben.

Fantasie ist Trumpf

45

Gestalten Sie Ihre eigenen Grußkarten. Fertig gekaufte Karten sind in Ordnung … ich habe eine ganze Schublade voll davon …, aber selbst gebastelte haben eine besondere Note. Sie brauchen dafür nicht künstlerisch begabt zu sein – nur authentisch. (Sie ist schließlich nicht mit Ihnen zusammen, weil Sie Picasso, sondern weil Sie *Sie* sind.)

46

Feiern Sie seinen Geburtstag, Ihren Hochzeitstag oder ein besonderes Jahr mit einem „historischen Kaleidoskop“.

- ➢ Greifen Sie das Jahr heraus.
- ➢ Recherchieren Sie die wichtigsten Ereignisse in diesem Jahr.
- ➢ Kategorien zur Anregung: Nachrichten, Werbung, Fernsehen, Radio, Zitate, Kinohits, Musik, Sport, Kunst, Literatur, Mode, Durchbrüche der Wissenschaft, Politik, Ereignisse der Weltgeschichte, Religion, Tagesgeschehen, Sonstiges.
- ➢ Tragen Sie alle Daten in handgeschriebener, getippter, kalligrafierter Form – kurz: attraktiv verpackt – zu einem bunten Kaleidoskop zusammen. Ein persönlicheres Geschenk gibt es kaum!

47

Ist sie süchtig nach Kreuzworträtseln? Schreiben Sie ein Kreuzworträtsel *nur für sie* – mit Fragen, die Ihre gemeinsame Zeit betreffen, Scherzen, die nur Sie beide verstehen, Anekdoten und den Titeln Ihrer Lieblingssongs.

48

Kreieren Sie eine Kassette im Stil von „Mission Impossible“ oder „Drei Engel für Charlie“.

- „Ihr Auftrag, sollten Sie beschließen, ihn anzunehmen …, besteht darin, morgen Abend, 19 Uhr, einen attraktiven, dunkelhaarigen Fremden zum romantischen Dinner im Restaurant ‚Noblesse‘ zu treffen. Ich schlage vor, Sie schlüpfen in die Rolle der Aufsehen erregenden, mysteriösen Schönen …“
- Lassen Sie die Kassette in einem Walkman, mit einer Notiz: „Hör mich an.“

> ***Wäre Ihre Beziehung ein Gemälde, wie würde sie aussehen?***
> GJPG

49

Wie wäre es mit einem Einmachglas voller Ideen?

- Schreiben Sie 100 romantische Ideen auf einzelne Papierstreifen, und füllen Sie sie in ein Einmachglas. Einmal pro Woche zieht einer von Ihnen eine Idee und muss diese binnen der nächsten Woche umsetzen. Wechseln Sie sich jede Woche mit dem Ziehen ab.
- Sie können die „Lose“ auch durchnummerieren. Eine Zahl ziehen, die korrespondierende Zahl in diesem Buch nachschlagen und die Anregung realisieren.

Lasst Blumen sprechen!

50

Wenn Sie reisen, schenken Sie ihr eine Rose für jeden Tag, den Sie von ihr getrennt sein werden.

51

Statistiken zufolge lieben 99 Prozent aller Frauen Blumen. (Die übrigen 1 Prozent gehören der praktisch-rationalen denkenden Minderheit an: Sie hätten lieber das Geld.)

Blumen sind ein exzellentes Geschenk: begehrt, bequem zu besorgen (im Blumenladen, über Telefon oder Internet) und in jeder Preiskategorie erhältlich.

- ❀ Überraschen Sie sie mit einem Frühlingsstrauß.
- ❀ Verehren Sie ihr eine langstielige rote Rose.
- ❀ Schenken Sie ihr ihre Lieblingsblumen.

52

Bouquet ohne Verfallsdatum. Bringen Sie ihr über mehrere Wochen hinweg jeweils eine frische Blume mit nach Hause. Das Ergebnis ist ein bezauberndes Bouquet, das sich täglich in neuem Gewand präsentiert und auf das Sie sich beide freuen können. Ein immer frischer, unendlich wandelbarer Ausdruck Ihrer Gefühle.

53

(Auch Männer mögen Blumen.)

54

Klemmen Sie eine Blüte unter die Scheibenwischer seines Wagens.

Romantik ist die Sprache der Liebe.
GJPG

55

Suchen Sie sich einen Blumenladen in Ihrer Nähe. Werden Sie Stammkunde dort – Sie bekommen frischere Blumen und besseren Service!

56

Kaufen Sie ihr eine dekorative Kristallvase (oder eine preisgünstigere Alternative, wenn Ihr Budget begrenzt ist). Damit haben Sie nicht nur ein schönes Geschenk – Sie fühlen sich auch beide aufgefordert, Ihren Alltag häufiger mit Blumen zu schmücken.

57

Blume mit Signalcharakter. Ein Paar in meinem Romantik-Seminar erzählte, einander jahrelang durch die „Blume“ (auf dem Kopfkissen) gesagt zu haben, wann sie Lust auf Sex hatten. Keine schlechte Idee!

58

Wussten Sie, dass Rosen je nach Farbe eine andere Botschaft überbringen?

- Rot = Leidenschaft!!
- Rosa = Freundschaft
- Gelb = Respekt
- Weiß = Keuschheit

Single-Männer aufgepasst: in der Kennenlernphase keine roten Rosen schenken! (Viele Frauen reagieren da empfindlich.)

59

Legen Sie eine Blume auf Ihr Kopfkissen – ohne Hintergedanken, einfach so.

60

Weniger ist mehr. Schenken Sie *eine einzige* Rose. Sie spricht Bände.

61

Ihre Lieblingsblumen sind oft nicht diejenigen, die am stärksten *duften.* Komponieren Sie einen Strauß aus besonders duftintensiven Blumen, und Ihre romantische Geste bekommt eine neue Dimension: Die Atmosphäre wird aufgeladen vom betörenden Duft Ihrer Liebe.

Fragen Sie nach:

- Freesien
- Lavendel
- Goldlack
- Rosen
- Flieder
- Gardenien
- Veilchen
- Stephanotis
- Heliotrop (Vanilleblume)

Alles, was ich wirklich brauche, ist Liebe, aber ein bisschen Schokolade ab und zu schadet auch nicht!
Lucy van Pelt
Peanuts, Charles M. Schulz

Ein Hauch von Extravaganz

62

Lassen Sie sein Porträt von einem Foto malen.

63

Bringen Sie ihr beim Abendessen mit Freunden einen Toast aus.

64

Wann haben Sie zum letzten Mal eine Kunstgalerie besucht? Ein Museum? Das Planetarium? Den Botanischen Garten?

65

Wann waren Sie zum letzten Mal in einer Symphonie? In der Oper? Bei einer Ballettaufführung? In einem Jazzkonzert?

> ***Wie ich dich liebe? Lass mich die Arten zählen.***
> Elizabeth Barrett Browning

66

Übertragen Sie ein romantisches Gedicht – oder den Text eines legendären Lovesongs – auf edles Pergamentpapier. Finden Sie einen hübschen Rahmen.

- ➢ In Geschenkpapier verpacken und ihr geben
- ➢ Aufhängen und warten, bis sie die Zeilen selbst entdeckt

67

Bestellen Sie eine Limousine, die Sie zu einem Dinner bei Kerzenlicht entführt.

Werde zusammen alt mit mir!
Das Beste steht uns noch bevor.
Robert Browning

68

Laden Sie sie zu einer idyllischen Bootsfahrt ein.

69

Wie wäre es mit einem Ausflug im Fesselballon?

70

Plakatieren Sie Ihre Liebe auf einer Litfasssäule.

71

Bewahren Sie stets eine Flasche Dom Perignon im Kühlschrank auf – für den besonderen Anlass.

Dinge, die den Alltag verzaubern

72

Essen Sie bei Kerzenlicht zu Abend. Und warum nicht einmal zum *Frühstück* Kerzen anzünden?!

73

Duschen im Doppelpack. Umfragen unter den Teilnehmern meines Romantik-Seminars ergaben, dass nach sechs Monaten Beziehung bzw. vier Monaten Ehe (was immer zuerst kommt) die Zahl der gemeinsamen Dusch-Arien drastisch zurückgeht. Dabei ist zu zweit Duschen nicht nur romantisch, sondern auch ökologisch sinnvoll.

➢ Im Fachhandel gibt es Armaturen *mit zwei Brauseköpfen!* Damit nicht der eine frieren muss, während der andere das warme Nass genießt.

74

Schicken Sie ihm ein Taxi (im Voraus bezahlt, inklusive Trinkgeld), das ihn vom Büro abholt. Lassen Sie ihn zu Ihrem Lieblingsrestaurant bringen, wo Sie ihn bereits erwarten.

75

Wer es extravaganter wünscht, kann aus dem Abend im Restaurant ein Wochenende im Hotel machen. Viele Hotelketten, z.B. Hilton, Hyatt, Marriott oder Sheraton, und auch kleine Pensionen bieten „Romantik-Wochenenden" oder „Weekend-Specials" an. Erkundigen Sie sich nach den Preisen.

When I give my heart away,
You know that it's forever;
As I give my love I give my word to you.
And as our lives unfold for us,
We'll watch them bloom together,
Every moment we shall see the world anew.
Brit Lay, „Wedding Song"

76

Überraschungen sind unverzichtbares Element eines romantischen Lebensstils. Sie können aus dem Alltäglichen und Gewöhnlichen das Unerwartete und Besondere machen. Möglichkeiten, den anderen zu überraschen, gibt es unzählige … von spottbillig bis sündhaft teuer.

- ➢ Erklären Sie Überraschungen zum fixen Bestandteil Ihres Romantik-Repertoires.
- ➢ Überlegen Sie sich zwei kleine und eine große Überraschung.
- ➢ Planen Sie eine Überraschung für nächste Woche, eine für nächsten Monat, eine für nächstes Jahr.

77

Besorgen Sie lange im Voraus Karten für Theater, Symphonie, Tennis oder Konzert. Verraten Sie ihr keine Einzelheiten … bitten Sie sie lediglich, sich den Nachmittag oder Abend freizuhalten. Die Geheimnistuerei bringt ebenso viel Spaß wie das Ereignis selbst. Garantiert.

Werden Sie zum Bildhauer Ihrer Beziehung.
GJPG

78

- Überraschen Sie Ihren Partner mit einem *unerwarteten* verlängerten Wochenende. (Vorher mit seinem Vorgesetzten und/oder Team abklären.)
- Überraschen Sie sie, indem Sie ihr eine ungeliebte Pflicht abnehmen.

79

Beim gemeinsamen Shopping: Wenn sie ein Outfit anprobiert, bei dem sie *Stielaugen bekommt* (oder Ihnen die *Augen übergehen*), beeilen Sie sich, es zu bezahlen, während sie noch in der Umkleidekabine ist. (Ein guter Grund, genügend Bargeld in der Tasche zu haben.) Dann gehen Sie mit einer Schere in die Kabine zurück, schneiden das Preisschild ab und verkünden, sie könne die Sachen gleich anbehalten. Erleben Sie, wie ihr vor Staunen der Mund offen stehen bleibt. Und wie sie Ihnen stürmisch um den Hals fällt!

80

Achten Sie beim Schaufensterbummel auf die Dinge, die ihr *wirklich* gefallen. Kaufen Sie sie ihr später (im „Geschenke-Schrank“ aufbewahren und zur passenden Gelegenheit „hervorzaubern“).

81

Museumsshops bieten oft eine interessante Auswahl an ungewöhnlichen Geschenkideen:

- Kunstsinniges finden Sie in Kunstmuseen.
- Wissenschaftliche Museen bieten jede Menge Technik-Schnickschnack und Interessantes für Liebhaber der Wissenschaften.
- Raumfahrt, Kosmos, Astrologie – im Planetarium sind Sie an der richtigen Adresse.
- Aus dem Rahmen fallende Fundstücke? Kein Problem im Museumsshop historischer Museen.

Happy Birthday!

82

Stellen Sie eine Kassette mit Songs zusammen, die mit „Geburtstag“ oder „Alter“ zu tun haben. Wie wäre es mit „You Say It’s Your Birthday“ vom *White Album* der Beatles oder „When I’m Sixty-Four“ von *Sergeant Pepper’s Lonely Hearts Club Band*? Weitere Vorschläge:

- *Happy Birthday,* Stevie Wonder
- *Happy Birthday,* New Kids on the Block
- *Happy Birthday,* Altered Images
- *Happy Birthday to You,* Bing Crosby
- *Happy Birthday to You,* Eddy Howard
- *Happy Birthday to You,* Sunsetters
- *Young at Heart,* Frank Sinatra
- *I Wish I Were 18 Again,* George Burns

83

Rufen Sie den „Geburtstagsmonat“ Ihres Partners aus. Tun Sie an jedem der 30 Tage, die dem „großen Tag“ vorausgehen, etwas aus der Reihe Fallendes. Schreiben Sie ihm jeden Tag eine Liebesnotiz (und verstecken Sie sie irgendwo). Nehmen Sie das neue Lebensalter als Anlass für eine Serie von „Themen“-Präsenten. Oder denken Sie sich ein kleines Abendritual aus. Oder …

84

- Schicken Sie ihm eine Geburtstagskarte für jedes Lebensjahr – *eine pro Tag, bis die Zahl komplett ist.*
- Schicken Sie ihm eine Geburtstagskarte für jedes Lebensjahr – *alle auf einmal!*

Valentinstag – Tag der Liebenden

85

Valentinstag ist *nicht* der romantischste Tag des Jahres. (Ihr dürft ihn aber trotzdem nicht vergessen, sondern müsst ihn würdigen, Jungs. Allerdings wird es euch *nicht* sonderlich angerechnet.) Ein klassischer Fall von *obligatorischer Romantik*.

86

Am Valentinstag *keine* Rosen kaufen! Das ist abgeschmackt, gewöhnlich – und teuer.

- ❀ Kaufen Sie *andere* Blumen.
- ❀ Strengen Sie Ihre Fantasie an: Tun Sie etwas Einzigartiges, Verschrobenes oder Berührendes.
- ❀ Schreiben Sie ein Gedicht schreiben oder suchen Sie etwas Passendes aus einem Gedichtband heraus.
- ❀ Verfassen Sie einen Liebesbrief.

87

Valentinstag mit Urlaubsflair: Nehmen Sie den Tag frei. Verbringen Sie ihn im Bett. Faulenzen Sie. Gehen Sie ins Kino. Besuchen Sie ein schickes Restaurant. Gehen Sie tanzen. Machen Sie eine Spritztour. Machen Sie einen Spaziergang. *Make love.*

Vorsicht vor dem Syndrom der
„Beziehungs-Entropie" –
der Tendenz von Beziehungen,
zu „verwässern",
wenn sie nicht gepflegt werden;
der Tendenz von Liebenden,
sich auseinander zu leben,
wenn nicht beide dagegensteuern.
GJPG

Kleine Ursache – große Wirkung

88

Rufen Sie sie von der Arbeit an, nur um ihr zu sagen: „Ich liebe dich". Versuchen Sie, eine Gewohnheit daraus zu machen.

89

Romantik-Rezept Nr. 1: Machen Sie ihr Komplimente. Alle vier bis sechs Stunden wiederholen.

90

Sehen – nein, *starren* – Sie ihr öfters in die Augen.

- Frauen sind sehr augenorientiert.
- Sie wissen, man sagt, die Augen seien „das Fenster zur Seele". (Wohl ein Grund, weshalb es so schwierig ist, jemandem in die Augen zu sehen, während man ihn anlügt.)

91

Romantik-Rezept Nr. 2: Sagen Sie heute mindestens drei Mal „Ich liebe dich". Für den Rest Ihres Lebens so verfahren.

92

Schreiben Sie ihm eine kleine Liebesnotiz. In das Buch schmuggeln, das er gerade liest.

93

Romantik-Rezept Nr. 3: Umarmen Sie einander. Oft!

94

Bürsten Sie ihre Haare. Gehen Sie sanft vor.

➢ Mehrere Paare in meinem Romantik-Seminar haben das Haarebürsten zum abendlichen Ritual erhoben. Wie sie sagen, nutzen sie es als Gelegenheit, am Ende des Tages zu entspannen, Zeit allein zu verbringen und in Ruhe miteinander zu reden.

95

Romantik-Rezept Nr. 4: Lassen Sie heißes Wasser über Ihre Hände laufen, bevor Sie ins Bett kommen.

96

Schenken Sie ihm ein T-Shirt mit dem Motiv seiner Lieblings-Comicfigur.

97

Romantik-Rezept Nr. 5: Montags eine einzelne Blume auf den Küchentisch stellen. Dienstags eine Blume auf ihr Kissen legen. Mittwochs eine Blume im Waschbecken deponieren. Donnerstags …

98

Mitbringsel, mit denen Sie ihr eine Freude machen (Vorlieben berücksichtigen!):

➢ Eiscreme
➢ Kekse
➢ Konfekt
➢ Zeitschriften
➢ Videofilme
➢ Blumen

99

Romantik-Rezept Nr. 6: Nehmen Sie teil am Hobby, der Lieblingssportart, dem Steckenpferd Ihres Partners. Kaufen Sie ihm einen neuen Golfschläger. Kaufen Sie ihr einen neuen Tennisschläger. Leihen Sie seinen Lieblingsfilm aus. Besorgen Sie eine Familienpackung ihrer Lieblingseiscreme.

Taten sprechen lauter als Worte

100

Gemeinsames Kuscheln vor dem Kamin. (Kein Fernsehen. Keine Kinder. Kein Telefon.)

101

Legen Sie eine schlechte Gewohnheit ab, am besten die, die sie schon lange stört. (Natürlich wussten Sie die ganze Zeit, dass sie Recht hat.) Davon dürften Sie selbst am meisten profitieren! Hören Sie zu rauchen auf. Nehmen Sie fünf Kilo ab. Achten Sie stärker auf Ihre Kleidung.

102

Füllen Sie eine Fußwanne mit warmem Wasser. Ziehen Sie seine Schuhe und Socken für ihn aus. Setzen Sie ihn in seinen Lieblingsstuhl. Waschen Sie seine Füße. Lassen Sie sie zehn Minuten einweichen. Trocknen Sie sie ab. Danach den Tag wie gewohnt fortsetzen.

103

Wärmen Sie im Winter ihren Wagen auf. Und befreien Sie währenddessen die Windschutzscheibe von Schnee und Eis.

104

Kuscheln. Schmusen. Umarmen. Streicheln. Liebkosen.

(1985 fragte Ann Landers ihre Leser: „Wären Sie zufrieden, nur in den Armen gehalten, gestreichelt zu werden und keinen Sex zu haben?“ In vier Tagen schwemmten 100.000 Antworten in die Redaktion: 72 Prozent sagten „ja“, sie wären mit Kuscheln allein zufrieden.)

105

Rufen Sie Ihre Partnerin an. Bringen Sie ihr spontan ein „Liebesständchen“. Erfinden Sie Melodie und Text – und schmettern Sie drauflos! (Sie wird sich geschmeichelt fühlen, mindestens aber werden Sie sie zum Lachen bringen!)

Die Essenz der Romantik ist Kommunikation.
GJPG

Nicht das Was *zählt, sondern das* Wie

106

Wählen Sie für heute Abend einen besonderen Auftritt ... Halten Sie vor der Wohnungstür inne ... läuten Sie ... und überreichen Sie ihr zur Begrüßung eine Rose und eine Flasche Champagner.

107

Kaufen Sie ausgefallenes Geschenkpapier, hübsche Schleifen und Bänder. Wenn Sie zu ungeschickt sind, ein Geschenk selbst zu verpacken, bitten Sie die Verkäuferin oder eine Nachbarin um Hilfe. Nicht verpackte Geschenke sind *tabu*!

108

Eine Teilnehmerin des Romantik-Seminars erzählte uns, ihrem Mann gelänge es immer, ihren geliebten Teddybär in seine vielen Geschenkpräsentationen zu integrieren.

- Er schmückte die Ohren des Teddys mit Diamantohrringen.
- Er hängte ihm eine Perlenkette um den Hals.
- Er verpackte den Teddy mit anderen Geschenken in Schachteln.
- Er drückte ihm kleine Botschaften in die Tatze.

Liebe geht durch den Magen

109

Sie können jeder zu Hause eingenommenen Mahlzeit – von Eintopf bis Gourmet-Menü – mit Kerzenlicht und softer Musik ein bestimmtes Flair geben. Warten Sie nicht auf „besondere Anlässe“ oder Wochenenden, um der Romantik zu ihrem Recht zu verhelfen.

110

Was ist ihr Lieblingsgericht? Lernen Sie, es zuzubereiten. Wenn nötig, die Hilfe von Freunden, Nachbarn oder Verwandten in Anspruch nehmen.

111

Arrangieren Sie ein „Rendezvous daheim“: kulinarische Genüsse & Tanz inklusive, stilvolle Abendgarderobe erwünscht.

112

Bitten Sie den Pizzabäcker, die Pepperoni herzförmig anzuordnen.

113

Gehen Sie auf Restaurant-Entdeckungsreise: Besuchen Sie jede Woche ein anderes Restaurant. Stellen Sie die Aktion unter ein Thema, z.B.:

- Den besten Italiener der Stadt ausfindig machen
- Das beste französische Bistro entdecken
- Die beste Frühstücksadresse aufspüren

114

Veranstalten Sie eine Kochparty zu zweit, oder belegen Sie einen Kochkurs zusammen.

> ***Die Liebe überwindet alle Hürden.***
> Lynda Barry

> ***Romantische Momente***
> ***stecken voller Emotion.***
> ***Sie erzeugen glückliche Erinnerungen,***
> ***die ein ganzes Leben lang halten.***
> GJPG

115

Wein ist die perfekte Begleitung zu einem guten Essen. Finden Sie einen Wein, der Ihnen beiden schmeckt. Kaufen Sie eine Kiste davon, die nur für Sie beide bestimmt ist.

116

Machen Sie eine Weinprobe zusammen. Schenken Sie ihm ein Buch über die besten Weine der Welt. Besuchen Sie gemeinsam ein Weinverkostungsseminar.

Erotika

117

Beginnen wir mit dem Grundlegenden: *Wissen* Sie, was Ihr Partner erotisch findet? Oder *glauben* Sie nur, es zu wissen? Gehen Sie davon aus, sie hätte dieselben Vorlieben wie ihre Vorgängerin? Meinen Sie, er sei genau wie der Typ in dem *Cosmopolitan*-Artikel letzten Monat? Halten Sie alles, was in *Penthouse*-Leserbriefen steht, für bare Münze?

- ❀ Teilen Sie sich gegenseitig mit, was Sie erotisch finden.
- ❀ Überwinden Sie Ihre Hemmungen. Nehmen Sie keine Bewertungen vor. (Vielleicht sollten Sie sich mit einem Schluck Sekt „warm machen“).
- ❀ Lassen Sie sich viel Zeit, um diesen genussintensiven, komplizierten, frustrierenden, aber lustvollen Aspekt menschlicher Interaktion gemeinsam zu erkunden.

118

Begleiten Sie sie zum Dessouseinkauf. (Und in die Kabine!)

119

Zur stimulierenden Lektüre empfohlen:

- ➢ *Die verborgenen Früchte*, Anaïs Nin
- ➢ *Das Delta der Venus*, Anaïs Nin
- ➢ *Lady Chatterley*, D.H. Lawrence
- ➢ *Wendekreis des Krebses*, Henry Miller
- ➢ *Wendekreis des Steinbocks*, Henry Miller
- ➢ *Yellow Silk*, Hrsg. Lily Pond & Richard Russo

120

An die Damen: Erfüllen Sie eine seiner Fantasien – öffnen Sie ihm in hochhackigen Schuhen, Strapsen und Netzstrümpfen die Tür.

121

An die Herren: Erfüllen Sie eine ihrer Fantasien – schlüpfen Sie in die Rolle des Märchenprinzen ... egal, ob das bedeutet, einen Smoking zu tragen oder ein sexy Muskel-Shirt und eine Melone auf dem Kopf. Verwöhnen Sie sie.

122

Besorgen Sie sich das *Kamasutra*. Lesen Sie sich abwechselnd Passagen daraus vor. Probieren Sie einige der Anregungen aus.

123

Bedecken Sie jeden Zentimeter ihres Körpers mit Küssen ... L-A-N-G-S-A-M.

124

Denken Sie beim Aussuchen erotischer Filme daran, dass Männer und Frauen Erotik oft unterschiedlich definieren. Frauen mögen die unterschwellige Leidenschaft in *Die Brücken am Fluss*, während Männer, nun ja, meist „nackte Tatsachen“ bevorzugen. (Ein Tipp, was beiden gefallen könnte: z.B. *Basic Instinct*, *9 1/2 Wochen*.)

125

Bevor Sie auf Geschäftsreise gehen, hinterlassen Sie eine Flasche mit wohlriechendem Massageöl auf ihrem Nachttisch, dazu eine Notiz: „Mit dem Inhalt werde ich Dich, sobald ich zurück bin, ausgiebigst verwöhnen.“ (Und dann halten Sie Wort!)

Romantik für Sparsame

126

Hier bekommen Sie günstig Blumen:

- ➢ Supermarkt
- ➢ Wald & Wiese
- ➢ Straßenverkäufer
- ➢ Garten

127

Mitbringsel von Geschäftsreisen sind sehr populär: Mini-Seifen aus dem Hotelbadezimmer, Shampoo, Streichhölzer etc. (Klingt albern, kommt aber gut an!)

128

- ❀ Witzige Zeitungsüberschriften und Bonmots ausschneiden und an seinem Computerbildschirm, dem Fernseher, ihrem Lenkrad, am Telefon oder Kühlschrank anbringen
- ❀ In Büchern, Magazinen, Schubladen, Schuhen deponieren
- ❀ Zu einer Collage verarbeiten

129

Statt nur zwei Eintrittskarten für kulturelle Veranstaltungen zu kaufen, entscheiden Sie sich für ein Abonnement. So sparen Sie auf lange Sicht Geld, bekommen bessere Sitzplätze und gehen öfters aus!

130

Viele Symphonien und Theater locken am Tag der Vorstellung mit verbilligten Tickets. Wenn Ihren Partner die Ungewissheit nicht stört, ist das eine gute Methode, Geld zu sparen und trotzdem einen unterhaltsamen Abend zu genießen.

131

Vergessen Sie nicht die vielen kleinen Theater und Off-Bühnen, deren Programme oft originell und inspirierend sind – und das zu fairen Eintrittspreisen. Bitten Sie telefonisch um die Zusendung von Spielplänen.

132

Wann haben Sie zum letzten Mal einen Spaziergang im Mondschein gemacht?

133

Kaufen Sie Wein oder Champagner immer *kistenweise.* Der Rabatt pro Flasche beträgt zwischen 10 und 20 Prozent. Sie sparen Geld und haben immer einen guten Tropfen für „spontane Intimfeiern" zur Hand.

Verwöhn-Requisiten

134-145

- Blumen
- Konfekt
- Schokolade
- Goldkette
- Grußkarten (fertig gekauft)
- Grußkarten (selbst gebastelt)
- Schmuck
- Teddybären
- Dessous
- Liebesgedichte
- Lovesongs
- „Liebescoupons“

146-157

- Liebesbriefe
- Überraschungen!
- „Ich liebe dich“ am Telefon
- Dinner bei Kerzenlicht in heimischem Ambiente
- Tanzen gehen
- Filmabend zu Hause
- Frühstück im Bett
- Hochzeitstag feiern
- Wochenendausflug
- Blumen ins Büro
- Dinner bei Kerzenlicht in lauschigem Restaurant
- Filmabend im Kino

Schaumbäder & Seifenblasen

158

Der Auftakt ist einfach: Lassen Sie ihr ein blubberndes Schaumbad einlaufen.

- ❀ Sofern Sie ihre favorisierte Marke nicht kennen, kaufen Sie einen Badezusatz, von dem Sie glauben, dass er ihr gefällt.
- ❀ Hinweis: Ein heißes Schaumbad bleibt über eine Stunde lang angenehm warm. Genügend Zeit für Sie, die Wanne vorzubereiten und sich dann aus dem Staub zu machen – sie mit der Überraschung und Muße allein zu lassen.

159

Nachdem Sie die Grundvariante einige Male geübt haben, wählen Sie einen Abend für die *große Inszenierung* aus! Lassen Sie das Badewasser einlaufen. Zünden Sie Kerzen an. Stellen Sie ihr ein Tablett mit Obst und Käse bereit. Ein Glas Champagner. Legen Sie ein gutes Buch dazu. Werden Sie die Kinder los. Und kommen Sie erst zum Trockenrubbeln wieder.

160

Erwarten Sie ihn in der Badewanne, wenn er vom Büro nach Hause kommt.

161

Tupfen Sie ihren Körper nach Bad oder Dusche sanft trocken. L-A-N-G-S-A-M.

162

Eine Anregung für winterliche Badewonnen: Wärmen Sie ihr Handtuch im Trockner oder auf der Heizung an. Sie wird begeistert sein.

163

Schreiben Sie ihr einen Liebesbrief oder ein Gedicht. Briefbogen zusammenrollen, in eine Flasche stecken, Korken drauf und die Flaschenpost auf ihrem Badewasser treiben lassen.

164

Lassen Sie ein Bad für sie einlaufen, während sie beim Einkaufen ist. Stellen Sie eine Kerze, ein Glas Wein und eine Flasche mit feinem Badezusatz (Badeperlen, Badetabletten) auf den Küchentisch – mit einer Notiz: „Ich räume die Tüten aus. Geh Du Dich entspannen. Du verdienst es. Ich liebe Dich."

Kreative Einfälle

165

Schreiben Sie ihr eine Notiz, ein Gedicht oder einen Brief auf ein Blatt Papier. Auf dünnen Karton kleben und in puzzleförmige Teile schneiden. Schicken Sie ihr alle Teile in einem Briefumschlag zu. Wahlweise eine Woche lang nur ein Puzzleteil täglich zusenden.

166

Schreiben Sie mit Lippenstift „Ich liebe Dich" auf den Badezimmerspiegel.

167

Vielleicht können Sie ihr nicht den Mond und die Sterne vom Himmel holen, aber Sie können ihr buchstäblich einen Stern schenken! Erkundigen Sie sich bei Ihrer Volkssternwarte. Der Stern, seine Koordinaten, die Entfernung zur Erde und der Name des neuen Besitzers sind auf einer Urkunde verzeichnet. Eine ausgefallene Idee, die ihre Augen garantiert zum Leuchten bringt!

Die Vorfreude macht oft genauso viel Spaß
wie die Aktion oder das Geschenk selbst.
GJPG

168

Verteilen Sie 25 Liebesnotizen im ganzen Haus.

Romantische Sätze auf Karteikarten, Post-It-Notes oder herzförmige Papierschnipsel schreiben und *überall* verstecken: In der TV-Zeitung, in seinen Hosentaschen, in Schubladen, in Socken, unter Zeitschriften, hinter Kissen, in der Badewanne, im Kühlschrank, im Tiefkühlfach, im Arzneimittelschrank, in Büchern, in ihrer Aktentasche, im Auto, im Kasten mit dem Silberbesteck. Möglicherweise dauert es bei manchen Notizen Monate oder Jahre, bis sie gefunden werden. Umso besser!

169

Notizen/Blumen/Pralinen auf Windschutzscheibe oder Armaturenbrett seines Autos hinterlassen. Je nach Witterung, in Plastik oder Folie verpacken.

170

Chinesische Glückskekse im Do-it-yourself-Verfahren: Kaufen Sie einen Sack Glückskekse bei Ihrem Asia-Händler (oder besorgen Sie sich ein paar Exemplare bei Ihrem Stamm-Chinesen). Die Streifen mit den Sprüchen vorsichtig herausziehen und durch eigene Botschaften ersetzen. Ob albern oder antörnend, peppig oder profund – Sie haben die Wahl!

171

Nehmen Sie eine spezielle Kassette mit bedeutsamen, romantischen Songs für sie auf – Songs, die Gefühle und Liebe zelebrieren.

- Suchen Sie etwa zehn Titel aus und stellen Sie sie auf einer Kassette zusammen.
- Drücken Sie ihr die Kassette nicht einfach in die Hand! Mit einem Walkman zusammen schenken oder in ihren Kassettenspieler im Auto einlegen – Zettel anhängen!

172

Geschenkideen für ihn: Wie wäre es mit einer maßgefertigten Krawatte oder speziell georderten Manschettenknöpfen? Bestimmt freut er sich über:

- Einen „Storchen-Schlips“ mit Geburtstag und Namen Ihres Babys als wiederkehrendem Motiv
- Manschettenknöpfe mit dem Konterfei seiner Lieblingshunderasse

173

Tun Sie eins der drei folgenden Dinge binnen der nächsten Woche:

- *„Warum ich dich liebe“*. Gestalten Sie eine Schriftrolle. Rote Schleife umbinden und ihr überreichen.
- *„Der Tag, an dem wir uns begegneten …“* Halten Sie Ihre „Geschichte“ als romantische Novelle oder in einem anderen literarischen Genre fest.
- *„Zehn Gründe, warum ich dich geheiratet habe.“* Lassen Sie Ihre Hitliste in Schönschrift fassen und einrahmen.

174

- Binden Sie eine Schnur um den Knauf Ihrer Eingangstür. Durch Haus oder Wohnung laufen lassen und ihn so ins Badezimmer locken, wo Sie ein duftendes Schaumbad für ihn vorbereitet haben.
- Variation: Binden Sie das andere Ende der Schnur an Ihrem Körper fest und erwarten Sie ihn geduldig (ungeduldig?) im Schlafzimmer.

Abteilung „Lahme Ausreden“

175

Lahme Ausrede Nr. 1: „Ich habe keine Zeit.“

Nonsens! Sie haben 1440 Minuten pro Tag – genau wie jeder andere Mensch. Wie Sie diese nutzen, hängt allein von Ihnen ab. Wenn Ihnen Ihre Arbeit, das Fußballspiel oder der Abend vor der Glotze wichtiger ist als sie, warum schaffen Sie sich nicht einfach einen Hund an und sparen sich die Mühe, mit einem menschlichen Wesen kommunizieren zu müssen?

176

Lahme Ausrede Nr. 2: „Ich habe es vergessen.“

Das ist in Ordnung, *solange es nicht zu oft passiert.* Hin und wieder dürfen Sie Dinge vergessen, aber nicht dauernd. Vergesslichkeit, die zur Gewohnheit wird, ist ein klares Signal, dass sie Ihnen nicht so wichtig ist. (Wenn sie Ihnen *wirklich* nicht so wichtig ist, seien Sie Manns genug, ehrlich mit ihr zu reden, statt sich in faule Ausreden zu flüchten!)

177

Lahme Ausrede Nr. 3 (Unterkategorie: „Den starken Mann markieren“): „Echte Männer sind nicht romantisch.“

Wer um Himmels willen behauptet so was? Haben Sie das irgendwo gelesen? Hat Ihr Vater Ihnen das beigebracht? Haben Sie es in einem Film gesehen? Eine Frage: Was denken Sie tief in Ihrem *Innern*? Kümmern Sie sich nicht darum, was ich denke – was denken *Sie*? Was denken, glauben, fühlen Sie, wenn Sie allein und absolut ehrlich mit sich sind? Wenn Sie nicht versuchen, Ihre Kumpels zu beeindrucken oder Ihr Ego aufzupolstern?

Wenn „echte Männer“ nicht romantisch sind, dann sind „echte Männer“ verdammt *einsam.*

Okay, schon möglich, dass unsere Ehe weniger romantisch ist, als sie es sein könnte, aber so stürmisch wie unsere Beziehung am Anfang war – das kriegen wir ohnehin nicht mehr hin.
Ich weiß, ich wäre ja schon mit einer sanften Brise zufrieden.
„Sanfte Brise"? Auf deiner Skala ist das wohl weniger als „stürmisch"?
Ja, aber mehr als „über allen Wipfeln ist Ruh".

178

Lahme Ausrede Nr. 4 (Unterkategorie: Knicker & Knauserer): „Romantisch zu sein kostet mich ein Vermögen!“

Schon die Beatles sangen: „Money can't buy me love“, und sie hatten Recht. Geld kann vieles kaufen: Gesellschaft, Aufmerksamkeit, Sex, Status – aber nicht Liebe oder persönliches Glück. Romantisch zu sein *kann* ein Vermögen kosten, *muss* es aber nicht. Verwechseln Sie nicht die Größe des Gefühls mit dem Betrag auf dem Preisschild. Wenn Sie das tun, erwartet Sie eines Tages ein raues Erwachen. (Frauen, die nur kostspielige romantische Gesten gelten lassen, sind ohnehin stärker an Ihrem Bankkonto als an Ihnen interessiert.)

Neue Einstellung gefällig?

179

Legen Sie Hemmungen ab. Seien Sie spontan. Albern. Einfallsreich. Echte Romantiker wirken, als seien sie immer ein bisschen beschwipst – angenehm heiter, hemmungslos, ungestüm und manchmal ein wenig verrückt.

180

Sie wollen Ihre Ehe (oder langjährige Beziehung) frisch und lebendig halten? *Leben Sie wie Verliebte.* Sie erinnern sich: So fing alles an. Sie sind in der Lage, das Feuer, die Leidenschaft und Erregung neu zu entzünden. Nötig ist dazu primär die richtige Einstellung plus ein paar aussagekräftige Gesten. *Leben Sie wie Verliebte.* Nicht nur wie Ehemann und Ehefrau, Mutter und Vater, sondern vor allem wie *zwei Menschen, die sich lieben.*

In meinem Romantik-Seminar wird offensichtlich, dass junge Leute und „Beziehungseinsteiger" in der Regel als Verliebte *anfangen* und viele ältere Paare ihr Verliebtsein *neu entdecken.* Es sind die Jahre dazwischen, die vielen das Genick brechen. *Leben Sie wie Verliebte.* Schreiben Sie sich den Satz auf, machen Sie ihn zu Ihrem persönlichen Credo, rufen Sie ihn einander ins Gedächtnis, sprechen Sie sich romantische Nachrichten auf Band.

181

An die Frauen: Hören Sie mit Nörgeln auf. Auch wenn Sie Recht haben (*besonders*, wenn Sie Recht haben!). Hunderte Teilnehmerinnen des Romantik-Seminars stimmten überein, Nörgeln und Meckern seien der schnellste und todsichere Weg, Männer in die ablehnende – ganz und gar unromantische – Schweigehaltung zu treiben. Wenn die Schotten erst dicht sind, geht nichts mehr.

182

An die Männer: Hören Sie auf, den Lehrer oder Schulmeister zu spielen. Verkneifen Sie sich den erhobenen Zeigefinger. Sie sind weder ihr Vater noch ihr Lehrer – Sie sind ihr *Liebhaber.*

183

Wie Sie einen Holzklotz zu mehr Romantik bewegen? Indem Sie etwas tun, das er sich *sehr* wünscht, und es als Tauschpfand verwenden – frei nach dem Motto: Wie du mir, so ich dir. (Manchmal muss man eben berechnend sein!) Manchmal müssen Sie, um ihn zu einer anderen Einstellung zu bringen, mit Ihrer eigenen anfangen. (Kein Mensch hat behauptet, das Leben sei fair!)

184

Tun Sie Dinge unaufgefordert! Die Geste aus freien Stücken wird am meisten geschätzt, das überraschende Geschenk am dankbarsten empfangen. Wer die Initiative ergreift, genießt das Gefühl der guten Tat. (Und gibt dem Partner ein leuchtendes Beispiel, es ihm nachzutun.)

Ein nützlicher Tritt in den Hintern

185

Hüten Sie sich davor, Ihren Partner als selbstverständlich zu betrachten! Das ist nicht nur der Tod der Romantik – es könnte auch leicht der Tod Ihrer Beziehung sein.

186

Gehen Sie das Risiko ein – seien Sie romantisch.

Wahrhaft romantisch zu sein ist eine riskante Sache. Das gebe ich zu und ermuntere Sie gleichzeitig, den Sprung von der Klippe zu wagen. Wer romantisch ist, öffnet sein Herz und gibt seine Gefühle preis. Klar verbrennt sich niemand freiwillig die Finger, und nach mehreren gescheiterten Beziehungen riskiert man ungern ein gebrochenes Herz. Trotzdem sollten Sie bedenken:

- ➢ Wenn Sie sich Ihrem Partner nicht öffnen, wem sonst?
- ➢ Wenn Sie sich bewusst *nicht* öffnen, wovor haben Sie Angst? Was glauben Sie, verbergen zu müssen?
- ➢ Wenn Sie keine Absicht haben, sich zu öffnen oder romantisch zu sein, welchen Sinn macht es dann überhaupt, eine Beziehung zu führen?

187

Legen Sie eine schlechte Gewohnheit ab. Nur *eine!* (Sie tun sich selbst einen mindestens ebenso großen Gefallen wie Ihrem Partner!) Nehmen Sie die fünf Kilo Übergewicht ab, die Sie schon lange stören. Hören Sie zu rauchen auf. Ernähren Sie sich gesünder. Kleiden Sie sich gepflegter. Treiben Sie mehr Sport. Hören Sie besser zu. Seien Sie höflicher. Treten Sie langsamer.

188

Wenn Ihr *Partner* einen Tritt in den Hintern braucht, testen Sie diese 3-Stufen-Strategie:

1. Verhalten *Sie* sich romantischer und warten Sie ab, wie das wirkt. Lassen Sie dem Partner zwei Wochen Zeit, entsprechend zu reagieren. Bleibt das erwünschte Echo aus, …
2. *Versuchen Sie nicht, ihn zu mehr Romantik zu bewegen oder gar zu zwingen.* Stattdessen sollten Sie sein *Bewusstsein*, was den Bedarf nach mehr Romantik, Intimität und Kommunikation in Ihrer Beziehung betrifft, schärfen. (Erfolgreiche langfristige Verhaltensänderungen sind fast immer die Folge eines veränderten Bewusstseins. Wer sich auf das reine Verhalten beschränkt, ruft meist nur *kurzfristige* Resultate hervor.) Zu den Techniken zur Bewusstseinssteigerung gehören:
   - ➢ Aufrichtig miteinander reden
   - ➢ Romantische Verhaltensweisen aufzeigen (Unter dem Motto: „Zur Nachahmung empfohlen!“)
   - ➢ Gleichgesinnte Freunde animieren, ihn auf den richtigen Pfad zu bringen
   - ➢ Gute Psycho-/Partnerschafts-Ratgeber
   - ➢ Seminare oder Kurse über Liebe/Romantik/Partnerschaft
   - ➢ Ehe- oder Partnerschaftsberatung

   Wenn diese Techniken nicht fruchten, hilft oft nur eins:
3. Die Trennung. (Warum sollten Sie sich mit einer Beziehung abfinden, in der es kein Prickeln, keine Leidenschaft gibt?)

189

Verabschieden Sie sich von Ihrem Streben nach Perfektion.

Die „perfekte Beziehung“ gibt es nicht, und sie anzustreben paralysiert Sie unnötig. Sobald Sie Ihr Perfektionsstreben aufgeben, fühlen Sie sich schlagartig befreit – befreit von der Angst, etwas falsch zu machen, von der Angst vor dem Risiko. Menschen, die Risiken eingehen, die spontan und kreativ leben, haben fast immer mehr Spaß und Lebensfreude.

190

Scheuen Sie weder Mühen noch Opfer für sie.

Nur dann romantisch zu sein, wenn es keinen Aufwand bedeutet, ist so ähnlich wie der Blumenstrauß am Valentinstag – erwartet und daher keine große Sache!

191

Wie lange ist es her, seit Sie beide zum letzten Mal etwas Besonderes, Sensationelles oder Romantisches unternommen haben? Haben Sie schon lange nicht mehr offen miteinander geredet, Sex gehabt, sich gegenseitig überrascht? Höchste Zeit, Ihre Antennen wieder sensibler einzustellen! Immerhin war die Person, zu der Sie den Draht zu verlieren drohen, einmal *die Liebe Ihres Lebens.*

192

Bekennen Sie sich zur großen Pose! Lösen Sie alle Bremsen! Verschreiben Sie sich mit Haut und Haaren! Seien Sie sensationell romantisch!

193

Beschließen Sie, sich immer wieder aufs Neue zu verlieben. Ganz recht: Fassen Sie einfach den *Entschluss.* Bücher zum Thema Beziehungsanalyse können Sie sich sparen. Den Besuch beim Therapeuten erst recht. Es genügt, *den Entschluss zu fassen.*

Bedenken Sie nur die fantastische Chance, die Sie haben: Je weniger romantisch Sie waren, desto unglaublicher wird Ihre Verwandlung sein! In meinen Romantik-Seminaren gab es Männer, die einfach *entschieden,* künftig romantischer zu sein. Und die mir später berichteten, diese simple Entscheidung habe sie sich neu in ihre Frauen verlieben lassen. Ist das nicht wundervoll?!

Reminiszenz an Kindertage

194

Die meisten Frauen lieben Plüschtiere.

195

Die meisten Männer lieben Werkzeug, technische Spielereien, Elektronikkram … „*Buben-Spielzeug*". Merke: Männer werden nie richtig erwachsen – unsere Spielsachen werden nur teurer.

196

Entdecken Sie Ihr „inneres Kind" und erwecken Sie es zu neuem Leben. Es ist der Schlüssel zu Fantasie, Kreativität, Staunen und kindlicher Freude.

197

Wann haben Sie zum letzten Mal die Wolken betrachtet? Gehen Sie mit Ihrem Partner in der freien Natur spazieren. Legen Sie sich auf eine Wiese und lassen Sie den Blick gen Himmel schweifen. Was sehen Sie? Welche Assoziationen haben Sie? (Was könnten Sie beide *noch* in der Natur anstellen??)

198

- ❀ Überraschen Sie sie mit einem „Kitsch"-Geschenk in pfiffiger Verpackung (Bic Mac-Pappschachtel, Schuhkarton, Zeitungspapier etc.)
- ❀ Überraschen Sie ihn, indem Sie Ihr Lieblingsstofftier in seiner Sporttasche verstecken.

199

Besorgen Sie ein Spielzeug oder Objekt, das er als Kind besonders mochte: z.B. ein Spielzeugauto, Plastikmonster, Bilderbuch, Kartenspiel oder Poster. (Fragen Sie seine Eltern; sie werden *begeistert* sein, Ihnen zu helfen.) Hübsch verpacken und mit einer Notiz versehen.

200

Benutzen Sie die Spielsachen *Ihrer* Kinder als Utensilien. Mit Wachsmalstiften können Sie Botschaften zeichnen und schreiben. Knetmasse eignet sich zum Formen diverser Körperteile. (Ihre Kinder sollten hierbei nicht unbedingt Zeuge sein … „Mami, *was ist das für ein Ding?*") Verwenden Sie Legosteine, um Nachrichten in dicken Lettern oder eine verführerische Spur von der Haustür bis ins Schlafzimmer zu legen, wo Sie bereits warten … mit anderen Spielen im Sinn …

> ***Wenn ein „Ich" und ein „Du" beschließen,***
> ***ein Paar zu werden,***
> ***entsteht eine neue Einheit: das „Wir"***
> GJPG

201

Lassen Sie einen Drachen steigen!

> ***Ich will verdammt sein, wenn ich nur liebe***
> ***um der Liebe willen –***
> ***da muss schon mehr dahinter sein!***
> Humphrey Bogart

Liebe ist ...

202

Liebe ist ... sie mit zartem Streicheln und Küssen sanft zu wecken.

203

Liebe ist ... wenn er sie im Bett ihre kalten Füße an ihm wärmen lässt.

204

Liebe ist ... alle Ablenkungen zu eliminieren, um sich *voll und ganz* auf die Zweisamkeit einlassen zu können. Kein Telefon, keine Türglocke, kein Fernsehen, keine Kinder.

205

Liebe ist ... eine Grußkarte oder Liebesnachricht von ihr einzurahmen.

206

Liebe ist ... sie von der Arbeit anzurufen, um zu fragen, ob Sie auf dem Nachhauseweg etwas für sie erledigen können.

207

Liebe ist ... einander vor dem Einschlafen laut vorzulesen.

208

Liebe ist ... sie vom Bahnhof oder Flughafen abzuholen – *egal um welche Zeit und wie umständlich das für Sie sein mag.*

209

Liebe ist … ihr im Restaurant ein Gedicht an ihren Platz bringen zu lassen.

210

Liebe ist … ihr jeden Tag, den Sie von ihr getrennt sind, eine Postkarte zu schicken.

211

Liebe ist … fest aneinander zu glauben.

Lovesongs

212

Romantische Songs verschiedener Stilrichtungen:

- *Ain't No Sunshine*, Bill Withers
- *All My Loving*, The Beatles
- *And I Love Her*, The Beatles
- *Body and Soul*, Dinah Washington
- *Colour My World*, Chicago
- *Could It Be Magic*, Barry Manilow
- *Don't Go Breaking My Heart*, Elton John & Kiki Dee
- *Endless Love*, Diana Ross & Lionel Richie
- *Find One Hundred Ways*, Quincy Jones
- *Hearing Your Voice*, The Moody Blues
- *How Can I Tell You*, Cat Stevens
- *I Do, I Do*, Abba
- *I'll Always Love You*, Whitney Houston
- *I Need You*, America
- *I Should Have Known Better*, The Beatles
- *I Wish*, Stevie Wonder
- *I'll Never Leave You*, Harry Nilsson
- *I've Been Searching So Long*, Chicago
- *If I Fell*, The Beatles
- *If You Leave Me Now*, Chicago
- *I Love You Babe*, Sonny & Cher
- *In My World*, The Moody Blues
- *Just The Way You Are*, Billy Joel
- *Just You 'n' Me*, Chicago
- *Knocks Me Off My Feet*, Stevie Wonder
- *Lend Your Love To Me Tonight*, Emerson, Lake & Palmer
- *Lessons Learned*, Dan Fogelberg
- *Looks Like We Made It*, Barry Manilow
- *Lost in Love*, Air Supply

- *Love Serenade*, Barry White
- *Love of My Life*, Abba
- *Me and Mrs. Jones*, Billy Paul
- *More Than A Feeling*, Boston
- *My Romance*, Carly Simon
- *Need Her Love*, Electric Light Orchestra
- *Now That We Found Love*, The O'Jays
- *P.S. I Love You*, The Beatles
- *Rubylove*, Cat Stevens
- *Say You'll Be Mine*, Christopher Cross
- *Sexual Healing*, Marvin Gaye
- *Sexy Thing*, Hot Chocolate
- *She's Always A Woman*, Billy Joel
- *So Deep Within You*, The Moody Blues
- *So Far Away*, Carole King
- *The Way We Were*, Barbra Streisand
- *Through The Fire*, Chaka Khan
- *Too Marvelous For Words*, Frank Sinatra
- *Unforgettable*, Nat King Cole
- *What A Difference A Day Made*, Aretha Franklin
- *You're The First, The Last, My Everything*, Barry White

212 a

Mehr romantische Songs verschiedener Stilrichtungen:

- *Blue Eyes*, Elton John
- *Everybody Loves Somebody*, Dean Martin
- *Lady Love*, Lou Rawls
- *La Vie En Rose*, Grace Jones
- *Run To You*, Whitney Houston
- *Singin' in The Rain*, Gene Kelly
- *Strange Soft*, Stevie Wonder
- *That's Amore*, Dean Martin
- *The Most Beautiful Girl In The World*, Prince
- *The Right Thing to Do*, Carly Simon
- *Three Times A Lady*, Commodores

- *Weekend in New England*, Barry Manilow
- *Whenever You're Away From Me*, ELO & Olivia Newton-John
- *Wishing You Were Here*, Chicago
- *Without You*, Harry Nilsson
- *You're the Love of My Life*, George Benson
- *You're the Sunshine of My Life*, Stevie Wonder
- *You Make Lovin' Fun*, Fleetwood Mac
- *You Take My Breath Away*, Queen
- *You're My Home*, Billy Joel
- *You're Nobody Till Somebody Loves You*, Dean Martin

Zeit für Zärtlichkeit

213

- ❀ Schicken Sie ihr eine Einladung: Geben Sie sich als Sexforscher aus, der für seine Studien Hilfe benötigt.
- ❀ Schicken Sie ihm eine Einladung: „Gesucht: Ein-Mann-Publikum für private Dessous-Show."

214

Einige Paare haben einen intimen Geheimcode entwickelt, dessen sie sich in der Öffentlichkeit bedienen. Die Bedeutung der Aussagen und Gesten ist immer die gleiche …

- ➢ „Ich fürchte, ich habe den Ofen angelassen. Besser, wir fahren nach Hause, bevor er *zu heiß* wird …"
- ➢ „Lass uns heimfahren und fernsehen."
- ➢ Summen Sie „Ihr Lied" in ihr Ohr.
- ➢ Kratzen Sie sich mit der rechten Hand hinter dem linken Ohr.

215

Stellen Sie den Fernseher aus. Befestigen Sie einen Zettel am Bildschirm: „Lass uns lieber auf Erotik schalten."

216

Warten Sie mit dem Sex nicht bis zum Schlafengehen! Warum kommt der Sex bloß immer am Ende der Liste? (Wieso ordnen manche Leute ihre Prioritäten so falsch? Wie können Haushalt oder andere Pflichten wichtiger sein als die Intimität mit dem Partner?)

217

Erkennen Sie die das Sexualverhalten beeinflussenden physiologischen und hormonellen Unterschiede zwischen den Geschlechtern an. Versuchen Sie, diese zu berücksichtigen.

- ➢ Nach dem Geschlechtsverkehr möchten sich die meisten Männer am liebsten auf die Seite rollen und schlafen, … während die meisten Frauen hellwach sind und sich nach Intimität und Geborgenheit sehnen. Was tun? Nun, Jungs, Ihr solltet euch klarmachen, dass der chemische Stoff, der euch schläfrig macht, nach ein paar Minuten verpufft. Wenn ihr es schafft, diese kritische Phase zu überbrücken, werdet Ihr im Nu wieder frisch und munter sein!
- ➢ Wussten Sie, dass der männliche Hormonspiegel morgens seinen Gipfel erreicht, während die meisten Frauen – Sie ahnen es bereits – erst gegen Abend auf Touren kommen. (Das hat sich Mutter Natur aber fein ausgedacht!) Diese unveränderbare biologische Tatsache erfordert Rücksichtnahme und Verständnis. Kommen Sie sich abwechselnd entgegen.

218

Verstecken Sie ein (sehr) kleines Geschenk an Ihrem Körper. Erklären Sie Ihrem Partner: „Ich habe ein Geschenk für dich. Es ist an meinem Körper versteckt. Finde es, und es gehört dir.“ Benutzen Sie Ihre Fantasie, und planen Sie vor allen Dingen genügend Zeit für die Suchaktion – und was daraus entstehen könnte – ein.

219

Tropfen Sie Honig auf diverse Körperstellen Ihres Partners. Genüsslich abschlecken! (Funktioniert auch mit Schlagsahne, Wein, Likör etc.)

Romantik-Mythen

220

Der Mythos vom „Kampf der Geschlechter" – einfach lächerlich!

Es handelt sich um nicht mehr als ein aufgebauschtes Klischee, das als Talkshow-Thema gut geeignet ist. Ein „Kampf der Geschlechter" existiert nicht. Schon der Gedanke ist absurd! Sicher gibt es „Feinheiten", die uns unterscheiden: einige physiologische Unterschiede (*Vive la différence!*) und auch einige psychologische. Aber nichts, was die Bezeichnung „Kampf" verdienen würde! (Randnotiz: Selbst wenn es so etwas wie einen „Kampf der Geschlechter" gäbe und Ihre Seite gewänne – *was* genau würden Sie gewinnen?!)

221

Ein anderer Mythos, der die Romantik beeinflusst: „Nette Kerle ziehen immer den Kürzeren".

Eine der idiotischsten und verbreitetsten Unwahrheiten, die jungen Amerikanern aufgetischt werden. Kein Wunder, dass europäische Männer mit dem Charme und Stil der alten Welt so gute Karten bei Frauen haben!

222

Drei gängige Romantik-Mythen:
Romantisch zu sein …

1. *… rettet die Beziehung.*
2. *… verbessert das Sexleben.*
3. *… hilft Fehler zu vertuschen.*

Nein, nein, nein! Romantik tut nichts davon! Romantik ist ein *Ausdruck von Liebe* – keine Garantie für traute Zweisamkeit bis ans Lebensende. Verbessert Romantik Ihr Sexleben? Ein bisschen vielleicht. Aber bei schwer wiegenden, tief sitzenden Problemen ist Romantik mit Sicherheit *nicht* die Antwort. Genauso wenig wie Romantik beim Vertuschen von Fehlern hilft. Kurzfristig eventuell, aber früher oder später bricht die wahre Persönlichkeit immer durch. Realistische Erwartungen bezüglich dessen, was Romantik bewirkt und was nicht, erhöhen Ihren Spaß an ihr.

223

Und was bewirkt Romantik?

Romantik steigert Ihre Lebensqualität.

Romantik hebt Ihre Beziehung von dem Niveau, auf dem sie momentan „funktioniert", auf eine höhere Ebene – eine Ebene mit mehr Spaß, Spontaneität, Leidenschaft und Intimität. (Hört sich prima an!)

224

Noch ein Mythos, den Männer sich gegenseitig einreden: „Gib ihr den kleinen Finger, und sie nimmt die ganze Hand."

Wer regelmäßig und zuverlässig den „kleinen Finger" gibt, stellt jede Frau zufrieden. Nur wer mit romantischen Gesten geizt, erzeugt Wut und Verärgerung in der Frau, sodass sie nach der „ganzen Hand" verlangt. Mit Recht!

225

Ein Mythos, dem viele Frauen anhängen: „Ich kann ihn ändern."

- ❀ Ändern können Sie ihn nicht, sofern Sie damit seine „zentralen Persönlichkeitsmerkmale" meinen. Ein paar Dinge bringt man aus einem Menschen einfach nicht heraus. (Sie können aus einer Nachteule keinen Morgenmenschen machen, aus einem Sofahocker keinen Discogänger – sparen Sie sich die Mühe!)
- ❀ Was Sie sehr wohl können ist, auf seine „peripheren Persönlichkeitsmerkmale" Einfluss zu nehmen. (Sein Bewusstsein für Ihre Bedürfnisse schärfen, ihn zu mehr Kommunikation anregen, dafür sorgen, dass er an Ihren Hochzeitstag denkt.)

Haben Sie 20 Jahre Erfahrung – oder ein Jahr Erfahrung in 20-facher Auflage?
GJPG

226

Noch ein „frauentypischer" Mythos: „Er ist ein hoffnungsloser Fall!"

- ➢ Niemand ist ein *völlig* hoffnungsloser Fall! Üben Sie sich in Geduld, Liebe, Einfallsreichtum. Und vergessen Sie nicht: Es gibt triftige Gründe, warum Sie ihn zum Partner gewählt haben … Wissen Sie noch, welche das sind? (Weiß *er* noch, welche das sind? Wenn nicht, helfen Sie seiner Erinnerung auf die Sprünge … und damit der Leidenschaft, die Sie einst füreinander empfanden.)
- ➢ Die unzähligen unterschiedlichen Männer, die von meinem Romantik-Seminar profitierten, sind der lebendige Beweis, dass es kaum hoffnungslose Fälle gibt!

227

Mythos-Killer Nr. 1: „Wer sich romantisch gibt, sammelt Punkte." („Das Dutzend Rosen sollte für mindestens drei Rückenmassagen gut sein.")

228

Mythos-Killer Nr. 2: „Mit Planung tötet man jede Spontaneität." (Gehört in die Abteilung „Lahme Ausreden".)

Romantik-Rituale

229

Ein Ritual ist ein kleines Zeremoniell, das der Besonderheit Ihrer Beziehung Gewicht verleiht. Romantik-Rituale können aufwendig, getragen, ernst, witzig, spielerisch, schrullig oder albern sein. Sie können öffentlich oder privat gepflegt werden – sodass *alle* oder nur Eingeweihte sie verstehen.

230

- ❀ Formulieren Sie einen Trinkspruch nur für Sie beide. Verwenden Sie ihn bei jedem Zuprosten.
- ❀ Oder formulieren Sie *zwei* Trinksprüche: einen für öffentliche und einen für private Situationen.

231

Schreiben Sie einmal im Jahr ein kurzes Gedicht für Ihren Partner, das Sie in Kalligrafie vervielfältigen und rahmen lassen. Eine romantische Tradition, die bald ganze Wände mit gerahmten Emotionen füllen wird.

232

Manche Paare haben *Morgenrituale*:

- ➢ Sie reden zehn Minuten im Bett miteinander, bevor sie aufstehen.
- ➢ Sie lesen sich gegenseitig eine Affirmation laut vor.
- ➢ Sie küssen sich bei jedem Abschied.

233

Manche Paare haben *Abendrituale*:

- ➢ Sie machen nach dem Abendessen einen gemeinsamen Spaziergang.
- ➢ Sie meditieren still miteinander.
- ➢ Sie massieren sich abwechselnd jeden zweiten Abend den Rücken.

234

Beispiele für *Wochenend*-Morgenrituale:

- ➢ Gemeinsam in die Kirche gehen
- ➢ Sich gegenseitig laut aus der Zeitung vorlesen
- ➢ Brunch am Sonntagmorgen

„Es ist sehr einfühlsam von dir, zu ahnen, dass auch Männer gern Blumen bekommen."

Dos & Don'ts

235

Don't: Kaufen Sie ihr keine Rosen am Valentinstag. Das ist erwartet, abgedroschen – und unnötig teuer.

- Stattdessen kaufen Sie ihr ein Bonsaibäumchen.
- Oder suchen Sie Blumen in ihrer Augenfarbe aus.
- Oder pflücken Sie ihr einen Feldblumenstrauß.
- (Okay, okay … Wenn Sie meinen, auf Rosen unmöglich verzichten zu können, wählen Sie eine einzelne rote Rose. Kein Rosa, Gelb oder Weiß am Valentinstag!)

236–237

- *Don't:* Keine Geschenke auf die letzte Minute kaufen. (Hektische Einkäufer finden nie, was sie suchen, und bezahlen grundsätzlich zu viel dafür!)
- *Do:* Vorausplanen! (Wer vorausplant, muss sich nicht mit den Verkäufern herumschlagen.)

238

Don't: Machen Sie keine praktischen Geschenke. Haushaltsgeräte sind wunderbar, aber *nicht als Geschenk!* (Mein Schwiegervater lernte diese Lektion, als er seiner Frau zum ersten gemeinsamen Weihnachtsfest ein elektrisches Rührgerät schenkte. Gelinde gesagt: Ihre Begeisterung hielt sich in Grenzen.)

239

Ausnahmen von der Regel:

- Edle Küchenutensilien für Hobbyköche
- Hochwertiges Werkzeug für Hobbyheimwerker

Eine inoffizielle Umfrage unter meinen Seminarteilnehmern ergab, dass nur zwei Prozent der Frauen, aber 60 Prozent der Männer an praktischen Geschenken Freude haben.

240

Don't: Kein Bargeld schenken, außer es wird ideenreich präsentiert.

- Viele Geldscheine mit Tesaband zu einer langen Kette zusammenkleben und um Christbaum oder Kronleuchter drapieren
- Einen Kleiderbügel mit bunten Bändern umwickeln und zu „Schmetterlingen" gefaltete Scheine daran befestigen
- Dessouskatalog mit einem Geldschein und der Notiz versehen: „Das Aussuchen überlasse ich Dir."
- Beim Floristen einen mit Scheinen „aufgefüllten" Blumenstrauß bestellen

Don't: Keine Schecks schenken.

241

Don't: Keine Geschenkgutscheine schenken, weil sie zu allgemein und einfallslos sind.

- *Ausnahme Nr. 1 für Frauen:* ein großzügiger Gutschein für einen freien Einkauf in ihrer Lieblings-Boutique
- *Ausnahme Nr. 2 für Männer:* ein großzügiger Gutschein für einen freien Einkauf bei seinem Lieblingsherrenausstatter
- *Ausnahme Nr. 3 für beide: selbst gebastelte* Geschenkgutscheine, die Ihre Zuneigung auf besonders einzigartige oder anrührende Weise ausdrücken

242

Entgegen landläufiger Meinung sollten Sie Romantik *nicht* als Mittel benutzen, um sich nach einem Streit zu entschuldigen. Andernfalls riskieren Sie einen faden Beigeschmack Ihrer künftigen Romantik-Gesten – für lange Zeit. (Nach einem Streit am besten zunächst entschuldigen. Nachdem sich beide beruhigt haben oder nach einer Woche – was immer der spätere Zeitpunkt ist –, wieder in den Romantik-Modus schalten.)

243

Merken Sie sich Ihre Jahrestage. *Alle* …

- Ihre Hochzeit
- Ihre erste Begegnung
- Ihr erstes Rendezvous
- Ihr erster Kuss
- Ihr erster …
- Ihr erster Sex
- Ihr erster Streit
- Der Tag Ihres Zusammenziehens
- Der Tag Ihres Wohnungs-/Hauskaufs
- Das erste „Ich liebe dich"

Hinweis: Manche Leute meinen, ihr Hochzeitstag sei das einzig wichtige Datum, die übrigen Jahrestage machten alles nur kompliziert. In Ordnung! Andere lieben es, *jedes potenziell wichtige Datum zu feiern, das ihnen einfällt.* Auch in Ordnung! (Kritisch wird es, wenn beide unterschiedliche Philosophien haben. Hier ziehen sich meist die Gegensätze an … so ähnlich wie Frauen, die Tanzen lieben, immer Männer heiraten, die Tanzen hassen.)

244

Don't: Stecken Sie Ihren Partner niemals in eine Schublade. Er ist ein Individuum, keine statistische Größe. Und sie ist einmalig, nicht „wie alle Frauen".

Beziehungstrends, Zeitschriftenartikel, Talkshow-Themen und Sexstudien besitzen nur begrenzte Relevanz für Sie, Ihren Partner und die Beziehung, die Sie führen. Ziehen Sie keine automatischen Parallelen. *Sie liegen immer richtig, wenn Sie Ihren Partner als einzigartiges und besonderes Wesen behandeln.*

Abteilung „Fun & Filou“

245

Besuchen Sie zusammen einen Jahrmarkt, Flohmarkt, Secondhandshop, Vergnügungspark oder eine Wohnungsauflösung. (Ohne Kinder.) Geben Sie Geld für „Dummheiten“ aus.

246

Gehen Sie gemeinsam auf Testfahrt in einem Porsche.

247

Lösen Sie Kreuzworträtsel gemeinsam. Machen Sie ein Quiz zusammen.

> ***Die stillen Tapferen, die sanften Starken,***
> ***die auf kreative Weise Verbündeten –***
> ***sie sind die Liebenden, die Friedensengel,***
> ***die Retter unserer Welt.***
> GJPG

248

Praktizieren Sie „Telepathie-Romantik“: Verabreden Sie vor einer räumlichen Trennung einen genauen Zeitpunkt, *wann Sie alles andere vergessen und eine Minute lang nur und ausschließlich an den Partner denken wollen.*

249

Stichwort „Schaltjahr-Romantik“: Nehmen Sie den 29. Februar alle vier Jahre frei, und erklären Sie ihn zu Ihrem persönlichen „Romantik-Tag“. (Warum sollte Ihre Firma den zusätzlichen Tag geschenkt bekommen? Schenken Sie die gewonnenen 24 Stunden lieber Ihrem Partner.)

250

Senden Sie ihm einen „Flaschengeist“ mit der Notiz: „Ich will Deine ‚Bezaubernde Jeannie‘ sein. Du hast drei Wünsche frei.“

251

Ein Teilnehmer meines Romantik-Seminars schenkte seiner Freundin eine einzige rote Rose. In der ungeöffneten Knospe hatte er einen Diamantring versteckt. Die Rose stand zwei Tage auf dem Schreibtisch seiner Freundin, bewundert und häufig „beschnuppert“, bevor sie sich öffnete und ihr kostbares Geheimnis preisgab.

252

- Männer: Blättern Sie durch ihre *Marie Claire*, *Cosmopolitan*, *Elle*, *Shape*, *Brigitte* oder *Freundin*. Bemerkungen an den Rand schreiben, interessante Artikel oder Schlagzeilen markieren, einzelne Anzeigen kommentieren.
- Frauen: Verfahren Sie in der gleichen Weise mit seiner *GQ*, *Esquire*, *Men's Health*, mit *Fokus*, *stern* oder *Playboy*.

Romantiker sind …

253

Romantiker sind flexibel.

- ❀ Entscheiden Sie spontan, einen halben Tag freizunehmen.
- ❀ Nach Feierabend direkt von „Beruf“ auf „Freizeit“ umschalten. Die meisten Berufstätigen sollten dieses Umschalten stärker trainieren.

254

Romantiker sind Gedankenleser.

Jawohl, romantisch zu sein verleiht oft *übersinnliche Kräfte*! Wer feine Antennen für den Partner hat und ihm gut zuhört, entwickelt bald eine Art „sechsten Sinn“, was dessen Wünsche betrifft. Je länger eine Beziehung dauert, desto größer sind die Chancen, diesen sechsten Sinn zu entwickeln. Und das wiederum verleiht der Beziehung mehr Tiefe und Intimität.

- ➢ Welches geheime Verlangen hegt sie schon lange? Realisieren Sie es für sie!
- ➢ Was wünscht er sich schon seit langem, hat es sich aber nie gegönnt? Kaufen Sie es ihm!

255

Romantiker haben Sinn für Humor.

„Humorlose Romantiker“ gibt es nicht. Zwar bilden ernste, tiefe Gefühle die Basis der Romantik, aber ihr Wesen ist leichtfüßig und beschwingt.

- Lachen Sie oft zusammen?
- Sind Sie wirklich Sie selbst? Oder spielen Sie nur eine Rolle? (Beliebte Rollen sind: Der treu sorgende Familienvater, die aufopfernde Mutter, der gestresste Manager, die starke Karrierefrau, die leidende Geliebte etc. – *Schluss damit!*)
- Begehen Sie heute Abend eine Torheit!

256

Romantiker sind leidenschaftlich.

Damit meine ich nicht die sexuelle Leidenschaft, sondern eine Leidenschaft für das *Leben*. Romantiker lassen nicht zu, dass ihr Liebesleben oder ihr Leben generell durch Langeweile – den Todfeind aller Beziehungen – ruiniert wird.

- Drücken Sie die Tiefe der Gefühle für Ihren Partner aus.
- Was erfüllt Ihren Partner mit Leidenschaft? Geben Sie es ihm.

257

Romantiker sind leidenschaftlich (Nachtrag).

Obendrein tendieren Romantiker auch beim Sex zu größerer Leidenschaft als der Durchschnitt. (Nur einer von vielen positiven Nebeneffekten eines romantischen Lebensstils!)

258

Romantiker lieben die Arbeit und das Spiel.

Romantiker sind keine unrealistischen Träumer, die mit glasigem Blick leicht verwirrt durch die Welt laufen. Sie stecken viel Arbeit und Planung in ihre romantischen „Coups“. Sie arrangieren und taktieren, besorgen frühzeitig Geschenke, fahnden nach dem Besonderen, stocken ihr „Romantik-Depot“ auf.

Und natürlich sind Romantiker spielerische Naturen, die den Spaß lieben. Wenn Sie das bis jetzt nicht begriffen haben, besteht wohl keine Hoffnung mehr für Sie.

259

Romantiker sind „ewige Flitterwöchler“.

Vertrautheit wird nur dann zu Monotonie und Ödheit, *wenn Sie nichts dagegen unternehmen.* Es gibt haufenweise Möglichkeiten, eine Beziehung jung und frisch zu halten.

- *Courtship after marriage* – die Werbephase nach der Heirat – ist ein Konzept (und der Titel eines exzellenten Buchs), das von dem berühmten Motivationssprecher Zig Ziglar stammt.
- Viele langjährige Ehepaare in meinem Romantik-Seminar berichteten, wöchentliche „Rendezvous“ miteinander zu verabreden.

260

Romantiker leben für den Moment.

„Carpe diem“ – nutze den Tag! Verschieben Sie nichts auf morgen! Tun Sie etwas Romantisches für Ihren Partner. Tun Sie's jetzt! Tun Sie's mit Gefühl!

- Tun Sie heute etwas Unerwartetes für Ihren Partner.
- Tun Sie etwas völlig aus dem Rahmen Fallendes.
- Tun Sie etwas, das überhaupt nicht zu Ihnen passt – versetzen Sie sie in Staunen!

- Tun Sie etwas Erotisches.
- Tun Sie etwas Gefühlvolles.
- Tun Sie etwas Kreatives.

261

Romantiker ziehen romantische Ideen magnetisch an.

Romantiker finden auf Schritt und Tritt romantische Ideen. Wenn sie Zeitung lesen, dann nicht nur um der Nachrichten willen, sondern weil sie nach romantischen Anregungen suchen. (Ob Sie's glauben oder nicht: Im *Wall Street Journal* stoße ich permanent auf großartige romantische Ideen. Ein Artikel erklärte, wie man durch effektivere Technologienutzung weniger Zeit im Büro (und mehr Zeit zu Hause) verbringen kann. Eine Firma warb für Schokolade, deren Verpackung mit Wunschmotiven versehen wird. Für Geschäftskunden – und Liebende!)

- Romantiker widmen einen Teil ihrer geistigen Kapazität der Aufgabe, romantische Gelegenheiten zu erkennen, sobald sie sich bieten. Andere Leute neigen dazu, diese zu ignorieren.
- Romantiker entdecken oft originelle Geschenke, obwohl sie eigentlich wegen etwas anderem unterwegs sind.

262

Romantiker sind glühende Fans.

Romantiker sind die größten Fans ihrer Partner, verwöhnen sie mit enthusiastischer Unterstützung, unablässiger Ermunterung und bedingungsloser Liebe.

- Haben Sie ihr in jüngerer Zeit ein Kompliment gemacht?
- Haben Sie sich vor kurzem bei ihm bedankt?

263

Romantiker sind kreative Geister.

Sie sehen ihre Beziehung als Leinwand zum Ausleben ihrer Kreativität, als Arena für den Ausdruck ihrer Persönlichkeit, als sicheren Hafen für Experimente und als Plattform für Wachstum.

➢ *Schreiben* Sie etwas: einen Liebesbrief, eine Liebesnotiz, ein kleines Gedicht, einen kurzen Liedtext, eine einzige Zeile!

➢ *Malen* Sie ein Bild, das Ihre Gefühle für den Partner ausdrücken soll.

264

Romantiker setzen die richtigen Prioritäten.

Was sind Ihre wahren Prioritäten? Wie investieren Sie Ihre Zeit, Energie und Kreativität? Ordnen Sie die folgenden Kategorien nach der Bedeutung, die sie in Ihrem Leben haben: Partnerschaft-Familie-Religion-Gesundheit-Job-Soziales-Bildung-Freizeit. Wo liegen Ihre Prioritäten?

➢ Schlagen Sie ihr vor: „Lass uns etwas planen: Stadtbummel, Gourmetdinner, Kino – egal was. Du wählst Zeit und Ort, und ich werde da sein – *komme was wolle* und unabhängig von dem, was ich ursprünglich geplant hatte.“ Damit zeigen Sie ihr, dass sie das Wichtigste in Ihrem Leben ist – wichtiger als Arbeit, Freunde, Hobbys etc.

➢ Im Büro machen Sie gelegentlich Überstunden, nicht wahr? Warum nicht mal „Überstunden“ für Ihre Beziehung machen??

Ach, ist es romantisch, den Sonnenuntergang zu betrachten …
Im Grunde geht die Sonne gar nicht unter. Vielmehr handelt es sich um eine Illusion, kreiert durch die Rotation …
… die Erde, … die …
Aber es ist romantisch, du hast recht, sooooooo romantisch!

Nur für Männer

265

Lesen Sie das Buch *Du kannst mich einfach nicht verstehen* von Deborah Tannen. Es bietet revolutionäre Einsichten in die Schwierigkeit der Kommunikation zwischen Männern und Frauen oder, wie es in der Einführung heißt, „… einen völlig neuen Ansatz für einen Friedensvertrag im Kampf zwischen den Geschlechtern."

266

- ➢ Ein Wort zur Mahnung: *Setzen Sie Romantik nicht mit Sex gleich.* Wer das tut, provoziert Missverständnisse und Ablehnung. Diese beiden Dinge gleichzusetzen degradiert die Romantik zum Tauschobjekt.
- ➢ Die logische Konsequenz: Romantik mündet manchmal – *aber nicht immer* – in Sex. Romantik hat *immer* mit Liebe, aber nur *manchmal* mit Sex zu tun. Alles klar?!

267

Inzwischen hat fast jeder vom PMS-Syndrom gehört. Seien Sie an den Tagen „vor den Tagen" besonders liebe- und verständnisvoll zu ihr.

268

- ❀ Nehmen Sie ihr eine Haushaltspflicht ab, die normalerweise immer sie erledigt:
  - ➢ Abendessen kochen
  - ➢ Badezimmer putzen
  - ➢ Lebensmittel einkaufen
  - ➢ Kinder zum Training fahren
- ❀ Und dann beherzigen Sie eine der unter „Schaumbäder & Seifenblasen" gegebenen Anregungen. Sie wird aus dem Häuschen sein!

269

Sie hätten gern, dass Ihre Partnerin häufiger verführerische Dessous trägt? *Wieso nehmen Sie sich dann das Recht heraus, in labberigen Boxershorts oder schmutzigen Jogginghosen herumzuschlurfen?!* Geben Sie sich gefälligst auch etwas Mühe! Ziehen Sie sich einen schönen Bademantel, Seidenpyjama, eine legere Strickweste oder einen Kimono an.

270

Rasieren Sie sich auch am Wochenende.

271

Tun Sie etwas *mit* ihr, das Ihnen verhasst ist. (Und machen Sie gute Miene zum bösen Spiel!) Begleiten Sie sie zum Kleider-Shopping, ins Kino, ins Ballett; helfen Sie ihr bei der Gartenarbeit.

272

Tun Sie etwas *für* Sie, das Ihnen verhasst ist: Lebensmittel einkaufen, Geschirr abwaschen, Unkraut jäten, mitten in der Nacht aufstehen, um das schreiende Baby zu wickeln.

> ***Zeit und Mühe werden meist mehr geschätzt als die finanzielle Investition.***
> GJPG

273

Hören Sie ihr zu! Ohne Wertungen, Ratschläge, Zustimmung oder Gegenrede. Einfach nur *zuhören.* Erkennen Sie an, dass sie Ihre Aufmerksamkeit verdient.

Wenn Männer glauben, Frauen wollten Antworten, wollen sie meistens nur *Verständnis und Mitgefühl.* (Das ist ein Beispiel für geschlechtsspezifische Unterschiede: Für Männer stehen *Problemlösungen* im Brennpunkt, für Frauen *Beziehungen.*)

Nur für Frauen

274

Öffnen Sie ihm in sexy Spitzenunterwäsche die Tür. Oder nur mit einem seiner Unterhemden bekleidet. Oder in einem Fantasie-Outfit. Oder …

275

Treten Sie nicht mit seinen Hobbys in Konkurrenz. Zwingen Sie ihn nicht, sich zwischen Ihnen und Golf, Fußball, Basketball oder Angeln zu entscheiden. Stattdessen lesen Sie ein Buch über seinen Lieblingssport oder sein Hobby, um es mit ihm zu teilen oder seine Faszination wenigstens teilweise nachvollziehen zu können.

276

Tun Sie etwas *mit* ihm, das Ihnen verhasst ist. (Und machen Sie gute Miene zum bösen Spiel!) Begleiten Sie ihn zum Angeln, Bowling, Vögelgucken, Laufen oder Camping; sehen Sie sich gemeinsam mit ihm eine Sportübertragung im Fernsehen an.

277

Für viele Männer das *ultimative Geschenk*: vom Profi gemachte Fotos, die ihre Partnerin in erotischer Pose zeigen. Solche sinnlich-provokanten Aufnahmen lassen keinen Mann kalt. Die erotische Fotografie ist ein Spezialgebiet, das sich wachsender Resonanz erfreut. Viele der Fotografen sind Frauen. Sie arbeiten oft mit Make-up-Künstlern zusammen, die das in Seide, Spitze oder Leder verführerisch gekleidete „Objekt" schminken und geschickt in Szene setzen. Einer weiblichen Fotografin gelingt es eher, ihre Kundinnen zu bewegen, Hemmungen abzulegen und ihre erotische Seite herauszukehren. Konsultieren Sie die Gelben Seiten unter der Rubrik „Fotografen“ oder „Fotoateliers“ oder hören Sie sich im Freundinnenkreis nach Kontaktadressen um.

278

Lesen Sie das Buch *Der Eisenhans* von Robert Bly, eine frische, intelligente Abhandlung zum Thema Mannsein. Begreifen Sie, dass der „wilde Mann“ in ihm ihn nicht zum gefühllosen Macho degradieren muss; machen Sie sich die aufgezeigten „Brücken“ zwischen Mann und Frau bewusst. (Wenn Ihr Mann das Buch noch nicht gelesen hat, geben Sie es ihm, nachdem Sie fertig sind.)

279

Tun Sie etwas *für* ihn, das Ihnen verhasst ist: seine Hemden bügeln, sein kompliziertes Lieblingsgericht kochen, ihm Botengänge abnehmen, den Rasen mähen.

Nur für Singles

280

Schicken Sie ihr eine Kopie Ihres Lebenslaufs, mit angehängter Notiz: „Wie wäre es, wenn Sie mich näher kennen lernten?“ (Alternativen: ein Zeugnis aus Ihrer Schulzeit, ein Babyfoto von Ihnen.)

281

Achten Sie auf die „Pengs“ in Ihrer Beziehung. Was das ist? Pengs sind Verhaltensweisen oder Gewohnheiten Ihres Partners, *von denen Sie wissen, sie nicht den Rest Ihres Lebens ertragen zu können.* Zwei Beispiele:

- Sie zappen zwischen den Sendern Ihres Autoradios hin und her auf der Suche nach klassischer Musik. Als „Stayin’ Alive“ ertönt, zucken Sie zusammen, während sie begeistert quiekt: „Oh, ich *liebe* die Bee Gees!“ (*Peng!*)
- Er hat Ihnen gesagt, Sie sollten sich auf einen „tollen Abend“ vorbereiten, er habe Karten für „Supersitze“. In der Meinung, dass Sie eine Symphonie besuchen und danach in ein nobles Restaurant gehen werden, verbringen Sie Stunden damit, sich elegant in Schale zu werfen. Dann kreuzt er in Jeans und Pulli auf – mit zwei Tickets für das Fußball-Derby. (*Peng!*)

Hinweis: Pengs sind immer relativ. Was den einen nervt, mag ein anderer süß und putzig finden.

282

Taktik für die romantische Offensive am Arbeitsplatz:

Senden Sie ihr anonym ein Dutzend rosa Rosen. Dann stellen Sie eine rosa Rose, für sie unübersehbar, auf Ihren Schreibtisch. (Alles Weitere bleibt Ihnen überlassen …)

283

Ein Ratschlag an die Herren: Schmuck *nie*, *nie* in einer Ringschachtel verschenken … es sei denn, es handelt sich um einen Verlobungsring. Vermutlich sind Sie völlig ahnungslos, aber viele Frauen denken beim Anblick der kleinen, samtbezogenen Kästchen immer noch nur an eins: H-E-I-R-A-T. Bitten Sie den Juwelier um eine andere Verpackung oder besser noch: Lassen Sie sich eine kreative, witzige Präsentation einfallen. So vermeiden Sie Missverständnisse!

284

- ❀ Wenn Sie beide das Thema schon häufiger diskutiert haben und Sie nun den Entschluss fassen, den Versuch zu wagen und mit ihr zusammenzuziehen, verpacken Sie den Schlüssel zu Ihrer Wohnung in einer Geschenkbox und überreichen Sie ihn ihr als symbolische Geste.
- ❀ Oder senden Sie ihn ihr per Post mit den Zeilen: „Den Schlüssel zu meinem Herzen hast Du schon. Jetzt möchte ich, dass Du auch *diesen* Schlüssel an Dich nimmst.“

Nur für Ehepaare

285

- ❀ Drehen Sie sich auf einer Party oder anderen Veranstaltungen unvermittelt zu ihr um und flüstern Sie ihr zu: „Du bist mein Hauptgewinn."
- ❀ Drehen Sie sich in einer öffentlichen Situation zu ihr um und flüstern Sie ihr zu: „Ich bin überglücklich, dich geheiratet zu haben."

286

- ❀ Kramen Sie eine Ihrer Hochzeitseinladungen von damals hervor. Einrahmen und aufhängen.
- ❀ Lassen Sie Ihr Eheversprechen in Schönschrift kopieren.

287

Sehen Sie Ihren Ehepartner mit neuen Augen:

- ➢ Sie ist nicht Ihre Frau – sie ist Ihre *Geliebte.*
- ➢ Er ist nicht Ihr Mann – er ist dieser attraktive Lausbub, in den Sie sich Hals über Kopf verliebt haben, wissen Sie noch?!

288

Spielen Sie „Heiße Affäre" oder „Erstes Rendezvous".

Speziell für Ehepaare empfohlen, die zehn Jahre oder länger verheiratet sind. Stellen Sie sich vor, Sie seien unverheiratet und stünden vor einer Affäre (einem ersten Rendezvous) mit Ihrem Partner. Wie verhalten Sie sich? Was ziehen Sie an? Wie behandeln Sie sie? Wo gehen Sie hin? Was tun Sie? Würden Sie sich ein neues Kleid für ihn kaufen? Fünf Pfund für sie abnehmen?

289

- ❀ Rahmen Sie die Heiratsurkunde ein und hängen Sie sie an die Wand.
- ❀ Schicken Sie ihm eine Abschrift Ihrer Eheurkunde mit der Notiz: „Weißt Du noch damals?“

290

Tipp für Ehemänner: Lassen Sie am Hochzeitstag ihren Hochzeitsstrauß nachbinden. (Wenn sie das nicht zu Tränen rührt, sollten Sie eine Trennung wegen Gefühlskälte erwägen!) Da Sie vermutlich nur mit Mühe Lilien von Löwenzahn unterscheiden können, zeigen Sie dem Floristen eines Ihrer Hochzeitsfotos.

291

Holen Sie Ihr Album mit Hochzeitsfotos hervor. Lassen Sie das schönste Foto der Braut vergrößern und schenken Sie es sich selbst zu Weihnachten oder zum Geburtstag.

Einander lieben und ehren
und die Ehe nach Gottes Gebot
und Verheißung miteinander führen,
in guten und in bösen Tagen,
bis der Tod euch scheidet.
Trauungssakrament

292

Tragen Sie eine Kopie Ihrer Heiratsurkunde in Ihrer Brieftasche mit sich.

293

- ❀ Machen Sie eine *zweite* Hochzeitsreise.
- ❀ Machen Sie eine *dritte* Hochzeitsreise.
- ❀ Inszenieren Sie Ihr erstes Rendezvous ein zweites Mal.
- ❀ Inszenieren Sie Ihre Hochzeit ein zweites Mal.

294

Egal, wie lange Sie schon verheiratet sind: Wenn Sie von Ihrer Frau sprechen, bezeichnen Sie sie von nun an als „Meine Braut“.

295

Heben Sie Ihr „Just Married“-Banner auf (oder ein neues basteln.) Vor dem Sonntagnachmittag-Ausflug an der Heckscheibe Ihres Wagens befestigen. Wenn die anderen Autofahrer hupen und Ihnen zuwinken, werden Sie sich wie frisch vermählt fühlen!

296

Gehen Sie an den Ort zurück, wo Sie um ihre Hand anhielten. Nehmen Sie eine Flasche Champagner mit. Schwelgen Sie in der Erinnerung.

297

Rufen Sie einen „Liebes-Fonds“ ins Leben. Jedes Mal, wenn Sie Sex miteinander haben, fünf Mark in ein Einmachglas geben. (Es geht nichts über ein bisschen positive Bestärkung!)

Eltern aufgepasst!

298

Schicken Sie Ihre Kinder ins Ferienlager. Gut möglich, dass das Ihrer Ehe mehr frischen Wind einhaucht, als es eine einzelne Geste je vermögen würde!

299

Bestellen Sie den Babysitter, damit er/sie Ihre Kinder entführt. Schicken Sie sie ins Kino – am besten in ein *Double Feature.* („Was haben wir früher gemacht, wenn wir so viel Ruhe hatten? *Ach ja*, jetzt fällt's mir wieder ein …")

300

Hängen Sie ein „Bitte nicht stören"-Schild vor Ihre Schlafzimmertür, wenn Sie sich nach ein bisschen Zeit zu zweit sehnen. Und sorgen Sie dafür, dass Ihre Kinder sich daran halten. (Machen Sie „Bitte nicht stören" zu ihrem ersten Lese-Lehrstück.)

301

Väter hergehört: Fügen Sie Ihrer Liste mit Daten für die *Obligatorische Romantik* den Muttertag hinzu. Rot im Kalender anstreichen! Jetzt!

302

Noch ein Tipp für Väter: Machen Sie am Geburtstag Ihrer Kinder Ihrer *Frau* ein Geschenk. (Warum sollen die Kinder alle Geschenke einheimsen? Ihre Frau leistet schließlich die meiste Arbeit!)

„Was soll das Romantik-Getue? Du bist doch schon verheiratet!“

303

„Liebescoupons“ zur Verteilung der elterlichen Pflichten anfertigen:

- „Ich stehe heute Nacht auf, wenn das Baby schreit“-Coupon
- „Das nächste Mal, wenn ein Kind krank wird, bleibe ich zu Hause“-Coupon
- „Fünf Taxifahrten, um die Kids zum Training zu karren“-Coupon
- „Ich koche für die Kinder“-Coupon

„Lass mich dich kennen lernen!“

304

Die Vorlieben, Passionen und Hobbys Ihres Partners in Erfahrung bringen und merken. Sein Lieblingsautor? Die Lieblingssportart? Wein, den er bevorzugt? Ihre Lieblingsfarbe? Eissorte? TV-Show? Welchen Interpreten, Kinofilm, Songtext mag sie am liebsten? Für welches Parfum schwärmt sie? Ihre Lieblingsblume? (Siehe auch „Merkliste“ S. 106-107.)

305

Sie werden zu vielen romantischen Ideen inspiriert, wenn Sie „Orientierungsschwerpunkte“ Ihres Partners austarieren. Ein Orientierungsschwerpunkt ist kein richtiges Hobby, eher ein intensives Interesse oder eine generelle Leidenschaft – in jedem Fall etwas, auf das er eine Menge Gedanken und Zeit verwendet. (Jemand, der sich für seine jüdischen Wurzeln interessiert, praktiziert das Judentum nicht als Hobby, trotzdem bietet seine Herkunft viele Anhaltspunkte für romantische Ideen.) Mit Orientierungsschwerpunkten sollten Sie niemals in Konkurrenz treten, sondern versuchen, sie zu teilen oder nachzuempfinden. Hier eine Auswahl von Orientierungsschwerpunkten meiner Seminarteilnehmer:

- Hunde
- Katzen
- Geographische Regionen
- Heimatstadt
- Studium
- Comics
- Dessous

- Einkaufen
- Bestimmte Sportarten
- Bestimmte Schauspieler
- Mode
- Musik, klassisch
- Musik, bestimmte Genres
- Musik, bestimmte Interpreten
- Zweiter Weltkrieg
- Kulturelle Herkunft
- Puzzles
- Golf
- Sciencefiction
- Handwerken
- Essen & Trinken

306

Schaufensterbummel als Fantasy-Trip. Tun Sie, als seien Sie Millionäre. Suchen Sie beim gemeinsamen Schaufensterbummel sowohl Dinge für sich selbst als auch Geschenke für den Partner aus. Träumen Sie! Lassen Sie Ihrer Fantasie freien Lauf! Später diskutieren Sie, warum Sie bestimmte Dinge ausgesucht haben. Sie werden viel übereinander lernen.

307

- Der Unterschied zwischen „sexy" und „vulgär", „niedlich" und „kokett"? Wetten, Ihre Definitionen fallen unterschiedlich aus? Eine Erörterung wird viel Zündstoff, aber auch wichtige Einblicke in die Denkweisen des Partners bieten. Sehr zu empfehlen.
- Blättern Sie gemeinsam durch *Playboy* oder *Penthouse*. Finden Sie heraus, was für seinen Geschmack sexy ist, und steuern Sie Ihr Feedback bei.
- Lesen Sie gemeinsam Auszüge erotischer Kurzgeschichten. Finden Sie heraus, was für ihren Geschmack sexy ist, und steuern Sie Ihr Feedback bei.

308

- Wählen Sie Gegenstände aus, an denen Ihr Herz hängt. Erzählen Sie etwas über ihre Geschichte und warum Sie sie so mögen. (Eine alte Puppe, ein Erinnerungsstück von Ihrer Großmutter, ein Plüschtier, Pokal, Schmuckstück etc.)
- Besuchen Sie gemeinsam Orte, die besondere Bedeutung in Ihrem Leben haben.

309

Schreiben Sie Ihren „Persönlichen Lebenslauf“. Stellen Sie sich vor, Sie würden sich als Ihr Freund oder Ehemann bzw. seine Freundin oder Ehefrau bewerben. Wie sähe Ihr Lebenslauf aus? Was würden Sie hervorheben? Wählen Sie ein Standardformat, aber seien Sie kreativ beim Inhalt. (Singles bringt das viel Spaß und Langzeitpaaren erstaunliche (neue?) Erkenntnisse.)

310

Lassen Sie Ihre Handschrift analysieren. Sie werden verblüfft sein, was ein geschulter Graphologe Ihren Hieroglyphen alles „entlesen“ kann!

Merkliste zum Auswendiglernen

311

Sie müssen *alle* Vorlieben Ihres Partners kennen. Hier eine Liste mit Anregungen – zum Ergänzen und Auswendiglernen.

1. Lieblingsfarbe: ______________________________
2. Persönliche Glückszahl: ______________________
3. Lieblingsblume: ______________________________
4. Lieblingsparfum: _____________________________
5. Lieblingsautor: ______________________________
6. Lieblingsbuch: _______________________________
7. Lieblingsmärchen: ____________________________
8. Lieblingskinderbuch: _________________________
9. Lieblingsbibelstelle: ________________________
10. Lieblingssprichwort/-Redensart: _______________
11. Lieblingssong: ______________________________
12. Lieblingsinterpret: __________________________
13. Lieblingsmusikgruppe: ________________________
14. Lieblingsmusikrichtung: ______________________
15. Lieblingsdancenummer: ________________________
16. Lieblingszeitschrift: _________________________
17. Lieblingskekse: ______________________________
18. Lieblingseissorte: ___________________________
19. Lieblingsschokolade: __________________________
20. Lieblingssnack: ______________________________
21. Lieblingsrestaurant (teuer): ___________________
22. Lieblingsrestaurant (billig): __________________
23. Lieblingsfastfoodlokal: ________________________
24. Lieblings-TV-Sendung (aktuell): ________________
25. Lieblings-TV-Sendung (alt): ____________________
26. Lieblingscomedystar: _________________________

27. Lieblingsschauspieler/-schauspielerin: ____________
28. Lieblingstheaterstück: ____________
29. Lieblingskinofilm: ____________
30. Lieblingsmusical: ____________
31. Lieblingsoper: ____________
32. Lieblingshunderasse: ____________
33. Lieblingskatzenrasse: ____________
34. Lieblingscomic/-cartoon-Figur: ____________
35. Lieblingskünstler: ____________
36. Lieblingskunstrichtung: ____________
37. Lieblingsheld/-heldin, Rollenvorbild: ____________
38. Lieblingssportler: ____________
39. Lieblingssport (passiv): ____________
40. Lieblingssport (aktiv): ____________
41. Lieblingsmannschaften: ____________
42. Lieblingsstellung: ____________
43. Lieblingsvorspielvariante: ____________
44. Lieblingsjahreszeit: ____________
45. Lieblingstageszeit: ____________
46. Lieblingshobby: ____________
47. Lieblingsschmuck: ____________
48. Lieblingskleidungsstil: ____________
49. Lieblingsurlaubsdestination: ____________
50. Lieblingswein/-champagner/-likör: ____________
51. Lieblingsspeise: ____________
52. *Bitte ergänzen:* ____________

Die Kunst der Kommunikation

312

Hören Sie zur Abwechslung mal zu! Sie werden staunen, wie viel Sie über den Partner erfahren.

- Lauschen Sie auf die Gefühle hinter den Worten. Wir sagen nicht immer, was wir wirklich meinen, aber wer zwischen den Zeilen liest, erkennt die wahren Emotionen.
- Hören Sie zu, ohne zu unterbrechen. (Zugegeben eine ziemliche Herausforderung – vor allem, wenn Sie schon viele Jahre zusammen sind.)

313

Reagieren Sie mit Liebe – *egal*, was Ihr Partner sagt oder tut. Warum? Weil Beschweren, Grübeln, Schreien, Nörgeln und ähnliche Verhaltensweisen nichts anderes sind als *versteckte Rufe nach Liebe.* (Wenn Kinder ein solches Verhalten an den Tag legen, begreifen wir instinktiv, dass dieses nichts mit uns zu tun hat, sondern von Angst und Unsicherheit herrührt. Bei Erwachsenen lassen wir diese Einsicht leider vermissen.) Versuchen Sie, nicht auf die Oberfläche zu reagieren, sondern auf das, was dahinter steckt.

314

Geizen Sie nicht mit Bestätigung. Bestärken Sie den Partner in seinen positiven Eigenschaften. Loben Sie seine Begabungen und Fähigkeiten. Bestärken Sie ihn in all den Qualitäten, die Sie damals zu ihm hinzogen.

- ❀ Sagen Sie ihm, was Sie besonders an ihm schätzen.
- ❀ Versichern Sie ihr, wie sehr sie in Ihrem Herzen wohnt.
- ❀ Konzentrieren Sie sich auf seine positiven Seiten, wenn Sie mit ihm sprechen.
- ❀ Statt sie zum „Perfekte Frau“-Fantasiebild zu stilisieren, sollten Sie sich mit ihrer *wahren* Persönlichkeit auseinander setzen.

315

Eine Frau in meinem Romantik-Seminar erzählte, ihr Mann und sie würden so oft wie möglich etwas praktizieren, das sie *Courtship Conversation* nannten. Die Grundzüge der Kommunikation „wie in der Werbephase“:

- ➢ Sprechen Sie *voll Respekt* miteinander.
- ➢ Denken Sie daran, dass Kommunikation eine *zweigleisige* Angelegenheit ist.
- ➢ Dem Partner nichts unterstellen, keine Worte in den Mund legen, keine Beurteilungen vornehmen, keine (vorschnelle) Kritik.
- ➢ Absolute Ehrlichkeit auf beiden Seiten ist Voraussetzung und wird niemals in Frage gestellt.
- ➢ Tragen Sie Ihr Herz auf der Zunge, aber lassen Sie den Kopf eingeschaltet.
- ➢ Augenkontakt halten.
- ➢ Mindestens eine Stunde pro Tag miteinander üben.

316

- ❀ Lernen Sie, subtile Signale, nonverbale Zeichen, Körpersprache und Tonfall des Partners zu deuten.
- ❀ Achten Sie auf die „Codes", die Ihr Partner unbewusst verwendet. Hier eine Liste mit Codes, die in einem meiner Romantik-Seminare zusammengetragen wurde:
  - ➢ Nonstop-Redeschwall
  - ➢ Rückzug
  - ➢ Unfaire Kritik
  - ➢ Schreien
  - ➢ Nörgeln

Diese unterschiedlichen Punkte waren alle Antwort auf dieselbe Frage. Ich hatte meine Teilnehmer gefragt, wie ihre Partner sich verhielten, wenn sie beruflich unter Stress standen. Unterschiedliche Menschen verwenden unterschiedliche Codes. Je besser Sie lernen, diese zu entschlüsseln, desto stärker wird die Bindung zu Ihrem Partner.

317

Seien Sie sich der unterschiedlichen Kommunikationsstile von Männern und Frauen bewusst. Deborah Tannen, Autorin von *Du kannst mich einfach nicht verstehen,* sagt, Männer bewegten sich in der Welt als „Individuen in einem hierarchischen Sozialgefüge, in dem sie einen höheren oder tieferen Rang bekleiden". Anders die Frauen: Sie bewegten sich in der Welt als „Individuen in einem Geflecht von Beziehungen. In dieser Welt glichen Gespräche Verhandlungen um mehr Nähe. Die Menschen versuchten, einander Bestätigung und Unterstützung zu geben und einen Konsens zu erreichen."

318

Sich der unterschiedlichen Kommunikationsstile von Männern und Frauen bewusst sein heißt nicht, diese *überzubetonen.* Wenn Sie sich zu sehr auf die Kluft konzentrieren, sehen Sie die Brücken nicht mehr!

- *Brücke Nr. 1:* Vergessen Sie bei allen Unterschieden nicht, dass wir – unabhängig ob Mann oder Frau – alle das Gleiche wollen: geliebt und umsorgt, respektiert und anerkannt werden; einen Menschen, bei dem wir uns sicher und geborgen fühlen, ganz wir selbst sein, uns ausprobieren, wachsen und reifen können.
- *Brücke Nr. 2:* die Romantik selbst. Romantik ist eine Brücke zwischen den Geschlechtern, denn sie ist Ausdruck von Liebe und Gefühl. Romantik ist eine Sprache der Worte, Gesten und Signale, die die subtile, facettenreiche und komplizierte Natur der Liebe kommuniziert.

„Schon gut, vielleicht bin ich nicht Eros Amoretto, aber Attila, der Hunne, bin ich auch nicht."

Zweisamkeit zelebrieren

319

Arrangieren Sie Kerzen zu einem Leuchtpfad, der von der Eingangstür zum Schlafzimmer führt. Warten Sie auf Ihren Geliebten und lassen Sie die Funken sprühen!

320

- ❀ Legen Sie seinen Lieblingssong auf – oder „Ihr Lied" –, wenn er aus dem Büro nach Hause kommt.
- ❀ Lassen Sie sanften Jazz, Billy Holliday etwa oder Sarah Vaughn, im Hintergrund laufen.
- ❀ Spielen Sie seine Lieblings-Dance-Nummer – laut! Drehen Sie die Bässe voll auf.

321

Sie müssen nicht ausgehen, um zu tanzen. Machen Sie Ihr Wohnzimmer zur Tanzfläche!

322

Werfen Sie sich für ein Samstagabend-Dinner zu Hause fein in Schale. Ich empfehle ein Cocktail- oder Abendkleid für die Damen, einen dunklen Anzug – oder Smoking, falls Sie einen besitzen – für die Herren. (Sie könnten für die Gelegenheit auch einen *mieten.*)

323

Waschen Sie ihr die Haare. Sie wird es sich mit Inbrunst gefallen lassen.

324

Tragen Sie sie über die Haus- oder Wohnungsschwelle. (Nicht nur für Frischvermählte!)

325

Instruieren Sie Ihre Sekretärin, alle Anrufe Ihrer Frau automatisch durchzustellen – egal, womit Sie gerade beschäftigt sind oder mit wem Sie ein Gespräch haben. (Ein klarer Beweis für Ihre Frau, dass Sie die Nummer eins in Ihrem Leben ist.)

326

Schreiben Sie ihr eine Karte ins Büro.

327

Touristen für einen Tag: Fremdenverkehrsverein, Touristenbüro kontaktieren, Broschüren und Infomaterial anfordern und einen Tag lang die „Touristenkappe" aufziehen. Welche Sehenswürdigkeiten haben Sie noch nicht gesehen? Welche Museen sind Ihnen entgangen? Welche Anziehungspunkte kennen Sie bisher nicht? Welche kulturellen Highlights stehen schon lange auf Ihrer To-do-Liste?

328

Eine „Abenteuer-Spazierfahrt" aufs Land unternehmen, ohne Karte, ohne festes Ziel. Ausschließlich kleine Landstraßen benutzen, gemütlich über die Dörfer gondeln, die Natur genießen. In einem verwunschenen Landgasthof oder hübschen Ausflugslokal zu Mittag essen.

- ❀ Sollten Sie zufällig auf eine hübsche kleine Pension stoßen, bleiben Sie spontan über Nacht! (Selbstverständlich haben Sie Ihre Reisetasche mit Übernachtungsgepäck im Kofferraum, *oder*?)
- ❀ Die bodenständigere Variante: Campingsachen im Kofferraum haben und zelten.

329

Fahren Sie mit einer Kutsche durch die Stadt – oder über Land.

330

- Unternehmen Sie eine gemeinsame Radtour.
- Mieten Sie ein Tandem!

331

- Belegen Sie Kurse miteinander:
  - Segeln
  - Windsurfen
  - Snowboard
  - Golfen
  - Gitarre
  - Tanzen
  - Yoga
  - Kochen
  - Weine
- Anlaufstellen: Volkshochschulen. Tanzstudios. Musikschulen. Kochclubs. Golfclubs. Tennisclubs. Fallschirmspringerclubs! Freizeitbörsen. Städtische Informationszentrale.

332

Prüfen Sie die Erwachsenenbildungsprogramme in Ihrer Gegend. Viele Volkshochschulen bieten Tages- oder Wochenend-Workshops an, die unterhaltsam und informativ zugleich sind.

- Besuchen Sie gemeinsam einen Workshop: Yoga, Salsa, Meditation, Töpfern, Zeichnen, Massage, Literatur …
- Oder melden Sie ihn für einen Kurs an, von dem Sie wissen, er macht ihm Spaß.

> ***Eine erfolgreiche, liebevolle Beziehung zu führen***
> ***ist die schwierigste, zeitaufwendigste***
> ***und komplizierteste Herausforderung,***
> ***die es im Leben gibt.***
> GJPG

333

Gehen Sie sonntags zum Brunchen. Achten Sie in der Zeitung auf Inserate und Werbung. Fragen Sie Freunde und Bekannte nach Empfehlungen.

334

„Großfahndung: Romantischstes Restaurant der Stadt gesucht." Anhand von Gastro-Kritiken, Werbung und Tipps von Freunden eine Kandidatenliste erstellen und alle ein bis zwei Wochen ein neues Restaurant testen.

335

Essen Sie in ungewöhnlichem Ambiente zu Mittag oder Abend. Wie wäre es mit einem Museumsbistro, dem Flughafenrestaurant, einer alten Mühle, einer renovierten Reitschule, einem ehemaligen Kloster?

336

Stehen Sie an einem Wochentag früher auf, um gemeinsam zum Frühstücken zu gehen. Bringt Leichtigkeit und Abwechslung in den Alltag.

Romantische Gesten
verfolgen keinerlei Ziel.
Ihr einziger Zweck ist
der Ausdruck von Liebe.
GJPG

337

Gemeinsam den Sonnenuntergang betrachten. Suchen Sie sich ein schönes Plätzchen, bereiten Sie ein Picknick vor. Kein Vergleich zu Fernsehen!

338

Wann haben Sie zum letzten Mal Minigolf gespielt? Treten Sie zum Duell an. (Bescheidener Rat an die Damen: Wenn Sie eine schlechte Minigolferin sind, tragen Sie ein knappes Outfit. Das lenkt ihn ab und lässt ihn vielleicht ein paar Schläge vergeigen. In jedem Fall zeigen Sie ihm so, dass Sie ein paar Qualitäten besitzen, die wichtiger sind als die Auge-Hand-Koordination.)

Machen Sie Ihre Liebe publik!

339

- ❀ Singen Sie Lobeshymnen auf sie. Machen Sie ihr in aller Öffentlichkeit Komplimente! Sie wird sich fühlen wie eine Königin.
- ❀ Wann haben Sie zum letzten Mal jemandem erzählt, wie glücklich Ihre Lebenspartnerin Sie macht?

340

Hauchen Sie ihr in der Öffentlichkeit „süße Nichtigkeiten" ins Ohr.

- ➢ Flüstern Sie Komplimente, Pikanterien, ihren Kosenamen etc.

341

Erinnern Sie sich noch an Ihre Teenagerzeit, als Sie kaum die Hände bei sich behalten konnten, vor aller Augen schmusten und schwoften? Gewöhnen Sie sich an, einander häufiger in der Öffentlichkeit zu berühren. Scheuen Sie sich nicht, Ihre Liebe publik zu machen. Mit Gesten, Blicken, Händchenhalten, Umarmungen, Einhaken, verliebten Klapsen etc.

342

Flirten Sie auf einer Party mit ihr, als wären Sie beide solo und würden einander nicht kennen.

- *Stufe I:* Flirten Sie nur ein bisschen. Zuzwinkern, Komplimente, vielsagende Blicke.
- *Stufe II:* Ziehen Sie die „Abschlepp-Fantasie" bis zum Ende durch, ohne dass die anderen Gäste etwas davon mitbekommen.
- *Stufe III:* Führen Sie die Fantasie zu Hause weiter – zum Höhepunkt!
- *Stufe IV* (für Mutige): Ziehen Sie die „Abschlepp-Fantasie" auf der Party bis zum Ende durch. Suchen Sie sich ein leeres Zimmer, die Speisekammer, das Gästebad – und haben Sie wilden, leidenschaftlichen Sex!

343

Setzen Sie ein „verschlüsseltes" (Kosenamen als Anrede verwenden) Inserat in Ihre Tageszeitung. Erklären Sie Ihrem Partner in wenigen Worten, warum er/sie der Mann/die Frau Ihres Lebens ist.

- Am Erscheinungstag die Zeitung in der Küche liegen lassen und das Inserat umkreisen, bevor Sie das Haus verlassen
- Alternative: Im Büro anrufen und ihr mitteilen, dass auf Seite X der Tageszeitung eine geheime Botschaft für sie steht

Romantik ist ein Geisteszustand.
Es geht weniger um das, was Sie tun,
als darum, wie Sie es tun.
GJPG

Romantik ist ein Seinszustand.
Es geht darum, Ihre Gefühle
in Aktion umzusetzen.
GJPG

Liebessouvenirs

344

Haben Sie noch alte Liebesbriefe, die Sie einander damals geschickt haben? Kramen Sie sie hervor, entstauben Sie sie und lesen Sie sie erneut. Oder lesen Sie sich diese gegenseitig laut vor. Das weckt Erinnerungen und bringt Ihre Liebe neu zum Erblühen.

345

- ❀ Nehmen Sie sich vor, von jetzt an Erinnerungsstücke an Ihr gemeinsames Leben zu sammeln und aufzuheben.
- ❀ Legen Sie eine Schachtel oder Schublade mit Liebessouvenirs an.

346

Beispiele für Dinge, die Sie aufbewahren sollten:

- ➢ Kinokarten
- ➢ Sand und Muscheln von Strandurlauben
- ➢ Etiketten von Weinflaschen und Korken von Champagnerflaschen
- ➢ Speisekarten, Visitenkarten, Streichhölzer von Restaurants, in denen Sie unvergessliche Abende verbracht haben.

347

- ❀ An einem regnerischen Sonntagnachmittag gemeinsam durch Ihre Fotoalben blättern und Erinnerungen aufleben lassen
- ❀ Eins Ihrer Lieblingsfotos aussuchen, in den Computer einscannen und als Bildschirmschoner jeden Tag vor Augen haben

Goldene Regeln für die Partnerschaft

348

Timing ist *alles.*

- ➢ Verspätete Geburtstagskarten sind ein unverzeihlicher Fauxpas.
- ➢ Schokolade und Pralinen sind als Mitbringsel tabu, wenn sie auf Diät ist.
- ➢ Beschränken Sie sich auf kleine romantische Gesten, wenn sie den Kopf voll anderer Dinge hat (z.B. ein wichtiges berufliches Projekt). Heben Sie die „großen Würfe“ auf, bis sie sie richtig genießen kann.
- ➢ Überraschungen aus dem Hut zu zaubern erfordert ein exzellentes Timing.

349

Die Liebe zum Detail – in der Liebe besonders wichtig. Leisten Sie sich keine noch so kleinen Fehler.

- ❀ Kaufen Sie nicht irgendwelche Blumen, sondern ihre Lieblingssorte.
- ❀ Wählen Sie Geschenkverpackungen stets in seiner Lieblingsfarbe.
- ❀ Kaufen Sie ihr keinen Goldschmuck, wenn sie Silber bevorzugt.

350

Versetzen Sie sich in die Haut des Partners, und passen Sie Ihre romantischen Gesten flexibel an.

- Nach einer besonders harten Arbeitswoche ist ihm vermutlich eher nach einer Massage als nach einem Kinoabend zumute.
- Bringen Sie ihr keine Blumen, wenn sie in Wirklichkeit nur zwei Stunden Ruhe und Frieden braucht. (Zwei Stunden Ruhe und Frieden könnten das schönste Geschenk sein, das Sie ihr je gemacht haben.)

351

Partnerschaften sind keine Selbstläufer. Sie sind zarte, fragile Geschöpfe, die regelmäßige Pflege, Aufmerksamkeit und Kompromisse erfordern.

352

Romantiker sind keine Märtyrer! Sie stellen nicht den Partner an erste Stelle und ignorieren dabei ihre eigenen Wünsche und Bedürfnisse. Nein: Sie stellen die *Partnerschaft* an erste Stelle und tun Dinge, die diese betonen. Selbstaufopferung ist ein Schuss, der nach hinten losgeht, denn sie erzeugt Groll im Geber und Schuldgefühle im Empfänger. Von romantischen Gesten profitieren beide – der Geber und der Empfänger.

> ***Die Wurzel unserer Probleme – all unserer Probleme – ist ein Mangel an Liebe.***
> GJPG

353

Was romantisch ist und was nicht, definiert der Empfänger.

- ➢ Wenn Sie ihr Blumen schenken und sie Blumen hasst, ist das nicht romantisch.
- ➢ Sie haben den ganzen Tag am Herd gestanden und ein Drei-Sterne-Menü gekocht, obwohl Sie wissen, dass er lieber eine Pizza bestellen würde? Selber schuld!
- ➢ Wenn Sie ihr eine sündhaft teure Robe gekauft haben und sie erklärt, das sei nicht ihr Stil, haben Sie kein Recht, beleidigt zu sein.

354

Investierte Zeit, Mühe und Überlegung zählen mehr, als das Geld, das man für ein Geschenk ausgibt.

355

Für Romantiker hat die Beziehung Top-Priorität in ihrem Leben.

Eine glückliche Beziehung ist der Dreh- und Angelpunkt eines erfolgreichen, glücklichen Lebens – alles fließt aus ihr und durch sie, sie ist der *Motor.* Das heißt nicht, dass man sich für den anderen zum Märtyrer macht. Märtyrer schaden sich selbst und damit der Beziehung. Gesunde Beziehungen nähren das Individuum und fördern seine Entwicklung.

356

Romantische Gesten verfolgen keinerlei *Ziel.*

Ihr einziger Zweck ist der Ausdruck von Liebe. Zu zeigen, dass sie wichtig und besonders für Sie ist; ihn wissen zu lassen, dass Sie oft an ihn denken.

357

Planung zerstört nicht die Spontaneität – sie schafft Gelegenheiten.

358

- Ein ungefragt erhaltenes Geschenk wird am meisten geschätzt.
- Ein überraschendes Geschenk erobert einen Platz im Herzen.

Algebra der Romantik

359

100 Prozent statt 50 Prozent geben.

Beide Partner müssen 100 Prozent Verantwortung für die Beziehung übernehmen. Niemand kann zu 100 Prozent der Zeit 100 Prozent von sich geben – das ist unmöglich. Aber Sie können es sich *zum Ziel setzen*, und wenn Sie dann (unweigerlich) scheitern, ist es immer noch okay. Selbst falls beide das Ziel um 50 Prozent verfehlen, bleibt die Bilanz noch befriedigend – addiert ergibt das fast 100 Prozent. Problematisch wird es, wenn beide nur ihren „fairen Anteil" – meistens als 50 Prozent definiert – einbringen möchten. Wenn das der Fall ist, werden Sie die 100-Prozent-Marke *niemals* erreichen.

- ❀ Machen Sie sich kleine Merkzettel als Erinnerung für Sie beide, Ihre Einstellung zu überdenken.
- ❀ Schreiben Sie „100 Prozent" auf Haftnotizen. Diese verteilen Sie in der Wohnung und lassen sie ein paar Wochen hängen.

360

5 Minuten Romantik = 1 Tag Harmonie.

Denken Sie an die vielen Male, wo ein kleines Versäumnis – der vergessene Anruf oder verspätete Geburtstagsgruß – den ganzen Tag ruinierte. Wer seinem Partner unablässig Aufmerksamkeit widmet, unterstützt damit einen glücklichen, ausgewogenen Beziehungsalltag. Dazu braucht es nicht viel! Kleine Gesten machen einen großen Unterschied.

361

Rechnen Sie aus, wie viele Tage Sie zusammen sind. (Schaltjahre berücksichtigen!) Zehn Jahre bedeuten 3 652 gemeinsam verbrachte Tage. Was waren die Highlights? Inwiefern haben Sie sich verändert? Was haben Sie zusammen erreicht?

- ❀ Schreiben Sie einen kurzen Aufsatz, in dem Sie Ihre die gemeinsame Zeit betreffenden Gefühle offenbaren.
- ❀ Fassen Sie Ihre Beziehungs-Highlights in einer Zeittafel zusammen.
- ❀ Versuchen Sie, die Leidenschaft und das Neue in der Anfangszeit Ihrer Beziehung wieder aufleben zu lassen und mit der im Laufe der Jahre gewachsenen Tiefe und Intimität zu verschmelzen.

362

- ❀ Feiern Sie Ihren ***1.000sten*** Tag zusammen. (Entspricht etwa zwei Jahren und neun Monaten.)
- ❀ Feiern Sie Ihren ***10.000sten*** Tag zusammen. (Entspricht etwa 27 Jahren, vier Monaten und 25 Tagen – plus/minus ein paar Tage, je nach Schaltjahren.)

Passive Menschen führen niemals passionierte Leben.
GJPG

Das kostbarste Geschenk: Zeit

363

Schenken Sie ihr Zeit:

❀ Stehen Sie samstagmorgens mit den Kindern auf, damit sie länger schlafen kann.
❀ Nehmen Sie ihr einige „ihrer Aufgaben“ ab: einkaufen gehen, Geschirr abwaschen, Unkraut jäten.
❀ Lassen Sie ein Schaumbad für sie einlaufen.

364

Schenken Sie ihm Zeit:

❀ Rechnungen zahlen, Kontostand überprüfen, Steuererklärung etc.
❀ Nehmen Sie ihm einige „seiner Aufgaben“ ab: Rasen mähen, Keller aufräumen, Ölwechsel.
❀ Nehmen Sie sich die Zeit, ihm sein aufwändiges Lieblingsgericht zu kochen.

365

Zeit – das kostbarste Geschenk von allen:

➢ Zwei Stunden Ruhe und Frieden
➢ Ein Tag ohne die Kinder
➢ Sonntagmorgen zusammen im Bett
➢ Samstagnachmittag …
➢ Ein Wochenend-Trip
➢ Statt des 5-Uhr-Tees …
➢ Eine Auszeit nehmen
➢ Reden statt fernsehen

366-368

Tun Sie Dinge im „Doppelpack". Durch Verbinden von Aktivitäten schaffen Sie mehr Zeit füreinander.

- Treffen Sie sich zum Lunch. (Schließlich müssen Sie etwas essen …)
- Wenn Sie miteinander im Auto sitzen, hören Sie romantische Musik oder „Ihr Lied".
- Erledigen Sie Dinge *zu zweit*: gemeinsam einkaufen, den Hund Gassi führen, den Wagen in die Werkstatt bringen.

369

Zeit und Mühe werden meist mehr geschätzt als die finanzielle Investition.

Ihr Partner möchte mehr *von Ihnen* haben – nicht mehr *materielle Dinge*! Schenken Sie ihr einmal alle zwei Monate einen ganzen Tag Ihrer Zeit. Tun Sie, was immer sie möchte. Erbitten Sie in dem Monat dazwischen das Gleiche von ihr. Das eröffnet unzählige Möglichkeiten!

370

Halten Sie sich Ihr Wochenende von Hausarbeit frei. Vermeiden Sie es, Freitagabend den Wochenendeinkauf zu machen, und waschen Sie Samstagmorgen keine Wäsche. Es ist *wertvolle* Zeit – Zeit, die Sie zusammen gestalten können.

Gewohnte Muster durchbrechen

371

Tun Sie etwas ganz und gar Untypisches:

- Zuspätkommer? Seien Sie pünktlich.
- Einfallslos? Überraschen Sie mit etwas Originellem und Unerwartetem!
- Vergesslich? Denken Sie *einen Monat lang täglich* an Ihren Geburtstag!
- Jeden Abend fernsehen? Wie wäre es zur Abwechslung mit einem Restaurantbesuch?

372

Statt sich durch zu wenig Urlaub blockieren zu lassen, nehmen Sie unbezahlten Urlaub. Wenn Sie zwei Monate zum Trekking nach Nepal möchten, tun Sie's! (Wenn Sie den Traum, aber nicht das nötige Kleingeld haben, legen Sie sich rechtzeitig einen Finanzierungsplan zurecht. Wo ein Wille ist, ist auch ein Weg.)

Romantik ist ein Prozess – kein einzelnes Ereignis.
GJPG

373

Ihre Beziehung steckt in der Sackgasse? Der Alltag hat sie fest im Griff? Sie betrachten Ihren Partner als selbstverständlich? Versuchen Sie, ihn wieder mit völlig neuen Augen zu sehen.

- Betrachten Sie sie wieder als Ihre Geliebte.
- Betrachten Sie ihn als besten Freund, der er vermutlich einmal für Sie war.

374

Spielen Sie „erste Begegnung“: Arrangieren Sie verschiedene Szenarien.

- ➢ Nach Feierabend in einem Lokal treffen
- ➢ Im Supermarkt beim Einkaufen treffen
- ➢ In der Schlange vor dem Bankschalter treffen
- ➢ In der Firmenkantine beim Mittagessen treffen

375

Spulen Sie jeden Abend dasselbe Routineprogramm herunter? (Nach Hause kommen, schnell ein paar Besorgungen machen, Zeitung lesen, Abendbrot, Glotze, ins Bett.) *Brechen Sie aus dem Einerlei aus:*

- ❀ Besuchen Sie einen etwa eine Autostunde entfernten Ort, an dem Sie noch nie waren.
- ❀ Ordern Sie Abendessen beim italienischen oder asiatischen Lieferservice; besuchen Sie danach eine Kinovorstellung.
- ❀ Verabreden Sie sich nach Büroschluss im Museum; suchen Sie nach dem Kulturgenuss ein nettes Weinlokal auf.
- ❀ Treffen Sie sich im Einkaufszentrum; schlendern Sie durch die Läden, nehmen Sie einen Imbiss.

376

Wenn Sie am Herd notorisch unbeholfen sind, ist das Ihre einmalige Chance, Ihren Partner in Staunen zu versetzen! *Kochen Sie ihm ein Gourmet-Menü!* Schicken Sie ihn weg und bestellen Sie eine kochbegabte Freundin als Hilfestellung. Oder suchen Sie ein Rezept heraus, das kinderleicht ist, aber trotzdem viel hermacht. Er wird staunen!

377

Machen Sie die Nacht zum Tage: Sex, Videos ansehen, mehrstündiges Schlemmen im Nobel-Restaurant, Spaziergang im Mondschein, wieder Sex, alte „Schinken“ im Fernsehen ansehen, die Stereoanlage aufdrehen und um drei Uhr früh eine heiße Sohle aufs Parkett legen. Am nächsten Tag ausschlafen oder gleich ganz im Bett bleiben.

378

Aktion „Rollentausch“: Schlüpfen Sie für einen Tag, ein Wochenende oder eine Woche in die Haut des Partners. Das gewährt neue Einsichten in seinen Alltag – Einsichten, die Ihnen bei der Gestaltung romantischer Gesten helfen, die persönlicher, intimer, angemessener und willkommener sind.

> ***Beziehungen kann man nicht steuern.***
> ***Sie haben nichts mit Autofahren zu tun. Eher mit***
> ***einem Drachen, den man steigen lässt und***
> ***dessen Kurs man ein wenig beeinflussen kann –***
> ***aber nicht viel!***
> GJPG

Für Filmfans & Leseratten

379

Veranstalten Sie Ihr privates Videofilmfestival! Videos ausleihen, Popcorn zubereiten, Getränke bereitstellen – und los geht's!

Romantische Klassiker – eine Auswahl:

- ➢ *Ein Mann und eine Frau*
- ➢ *Ein Offizier und Gentleman*
- ➢ *Casablanca*
- ➢ *Einsame Herzen*
- ➢ *Feinde – eine Liebesgeschichte*
- ➢ *Verdammt in alle Ewigkeit*
- ➢ *Funny Girl*
- ➢ *Ghost – Nachricht von Sam*
- ➢ *Vom Winde verweht*
- ➢ *Love Story*
- ➢ *Am goldenen See*
- ➢ *I.Q.*
- ➢ *Splash – die Jungfrau am Haken*
- ➢ *Der Stadtneurotiker*
- ➢ *Jenseits von Afrika*
- ➢ *Romeo und Julia*
- ➢ *Ein tödlicher Traum*
- ➢ *Träume zerrinnen im Sand*
- ➢ *Die Reisen des Mr. Leary*
- ➢ *Das Appartement*
- ➢ *Die Frau des französischen Leutnants*
- ➢ *So wie wir waren*
- ➢ *Haben und Nichthaben*
- ➢ *Harry und Sally*
- ➢ *French Kiss*

- *Tootsie*
- *Schlaflos in Seattle*

Erotische Klassiker – eine Auswahl:

- *Heißblütig – Kaltblütig*
- *9 1/2 Wochen*
- *Gefährliche Liebschaften*
- *Der große Leichtsinn*
- *China Blue bei Tag und Nacht*
- *Henry und June*
- *Sea of Love – Melodie des Todes*
- *Die Geschichte der O*
- *Die fantastischen Baker Boys*
- *Die Liebenden*

Liebe lehrt nicht, sie zeigt den Weg.
Liebe doziert nicht, sie liebt einfach!
GJPG

380-381

Gehen Sie zusammen in einen Buchladen. Kaufen Sie sich gegenseitig je zwei Bücher:

- Eins, von dem Sie wissen, es gefällt Ihrem Partner
- Eins, vom dem Sie gern hätten, dass Ihr Partner es liest

382

Lesen Sie jeden Morgen und Abend einen spirituell inspirierenden Text. Einige Anregungen:

- *Der Prophet* von Khalil Gibran
- *Die Bibel* von Sie-wissen-schon-wem
- *A Course in Miracles*, Foundation of Inner Peace
- *The Quiet Answer*, von Hugh Prather

383

- ❀ Schenken Sie ihm eine Original-Erstausgabe von einem seiner Lieblingsautoren.
- ❀ Schenken Sie ihr ein handsigniertes Buch ihres Lieblingsautors.

Sicher leben wir im modernen Hightech-Zeitalter. Aber unsere Emotionen sind die gleichen wie in Mittelalter und Steinzeit.
GJPG

Glückliche Reise!

384

- ❀ Eine Karte in sein Reisegepäck schmuggeln – oder warum nicht zehn?!
- ❀ Kleine „Liebesnotizen“ überall verstecken: in seinen Socken, Schuhen, Hosentaschen, Jackentaschen, im Kulturbeutel, Timer, in seiner Brieftasche, in seinen Unterlagen und und und …
- ❀ Seine Lieblingssüßigkeit einpacken (Vorsicht: nichts Schmelzendes!)

385

Fahren Sie am Abend vor Ihrer Abreise unbemerkt zum Flughafen. Nehmen Sie eine rote Rose mit. Ein Schließfach in der Abflughalle mieten und die Rose darin deponieren. Bevor sie am nächsten Morgen zum Flughafen startet, drücken Sie ihr den Schlüssel zum Schließfach in die Hand.

386

Schicken Sie ihr Post ins Hotel, die auf sie wartet, sobald sie ankommt.

Ich werde niemals heiraten, und du?
Hmm, ich denke, wenn mir die Richtige über den Weg liefe, würde ich es mir überlegen.
Eine mit grünen Augen, einem reizenden Lächeln, zu der ich „Schnuckiputzi" sagen könnte.
„Schnuckiputzi"?
Oder „Zuckerschnute".
Da dreht sich mir eher der Magen um, als dass mein Herz zu hüpfen anfängt.
„Zuckerschnute", würde ich sagen, und sie würde antworten: „Ja, mein Honigtiger".
8-29

Potpourri

387-388

❀ Betreibt er eine Sammlung? Uhren, Pfeifen, Briefmarken, Weine, Comics, Architekturmagazine? Ergänzen Sie sie!
❀ Betreibt sie eine Sammlung? Uhren, Vasen, Salz- und Pfefferstreuer, Porzellanenten, antikes Besteck? Ergänzen Sie sie!

389-390

❀ Besorgen Sie im Museums-Shop einen Druck ihres Lieblingskünstlers in Riesenposterformat.
❀ Besorgen Sie ihr ein komplettes Pflegeset in ihrem Lieblingsduft (Badezusatz, Seife, Lotion etc.)

391-392

❀ Ergattern Sie jede Aufnahme, die ihre Lieblingsgruppe je gemacht hat.
❀ Ergattern Sie jedes Buch, das sein Lieblingsautor je geschrieben hat.

393

Berücksichtigen Sie bei der Planung Ihrer Aktivitäten und Überraschungen, ob sie ein „Morgenmensch“ oder ein „Nachtmensch“ ist.

Irving könnte mir diesen Armreif zum Valentinstag schenken und sagen, er repräsentiere den geschlossenen Kreis unserer Liebe.
Er könnte mir einen Kalender schenken und mir all die Tage zeigen, die er mit mir zusammen sein will. ... Handschuhe, um meine Hände warm zu halten ... Vitamine, weil er mich genauso nötig braucht ... einen Schmetterling, weil er auf mich fliegt ...
Er könnte ein Stück Klebeband verpacken als Symbol, wie sehr er an mir hängt, oder ein Stück Kleenex zerreißen und sagen, ohne mich fühlt er sich einfach nicht komplett!!
Es ist praktisch unmöglich, kein bedeutungsvolles Geschenk zu machen.

394

Verpacken Sie alle Geschenke in ihrer Lieblingsfarbe.

395

- ❀ Schenken Sie ihr zwei Eintrittskarten zum Konzert ihres Lieblingsinterpreten.
- ❀ Schenken Sie ihm ein Tribünen-Abo für seine Lieblingsmannschaft.

396

Picknicks! (Ich habe es überprüft und es steht nirgendwo geschrieben, dass man kein Picknick in geschlossenen Räumen, nackt, vor dem Kamin, im Büro, im Bett, auf der Dachterrasse, um Mitternacht machen darf.)

397

Schreiben Sie sich gegenseitig einen Scheck über 1000 Küsse aus!

> ***Romantik ist die Anerkennung des Fakts,***
> ***dass Liebe, die abstrakt bleibt,***
> ***nur wenig Bedeutung hat.***
> GJPG

398

Backen Sie ihm seinen Lieblingskuchen in *extra large.*

Kreieren Sie „Ihren Drink“. Oder versuchen Sie sich an einem meiner Vorschläge:

Der Süden Frankreichs

15-30 ml Rum
30 ml B&B-Likör
120 ml Ananassaft
15-30 ml Coco Lopez

Servieren Sie den Drink in einem großen Kelchglas und garnieren Sie ihn mit einer Ananasecke und einer Kirsche.

B&B-Bastille

90 ml B&B-Likör
90 ml Zitronensaft
2-3 TL Zucker

Mixen Sie alles in einem Shaker und servieren Sie den Drink mit einer Scheibe Zitrone in einem großen Kelchglas.

Lovestories

Einführung

Die folgenden inspirierenden, pfiffigen, unglaublichen und berührenden Lovestories sind allesamt wahr – ein kleiner, repräsentativer Querschnitt aus den hunderten von Geschichten, die zu hören mir vergönnt war. Ich habe diese Geschichten in den letzten 15 Jahren, seitdem ich mit meinem Romantik-Seminar anfing, zusammengetragen. Viele stammen aus Unterhaltungen, die ich führte; einige von Anrufern bei Call-in-Radioshows, und zahlreiche Geschichten habe ich aus Briefen, die mir geschickt wurden.

Ich bin immer wieder beeindruckt von der Offenheit, mit der Menschen ihre Geschichten erzählen, in der Hoffnung, anderen damit zu helfen. Und ich bin begeistert, mit wie viel Fantasie sie ihre Gefühle und ihre Liebe ausdrücken. Ihr da draußen seid für mich eine nie versiegende Quelle der Inspiration! Euch allen gebührt mein aufrichtiger Dank.

An alle Leser: Danke, dass Sie Ihre Herzen öffnen für die Botschaft, die Ihre Romantiker-Kollegen in die Welt hinaustragen.

Gregory J.P. Godek

Antrag auf dem Christkindlmarkt

Als Barbara am 18. Dezember in Begleitung ihrer Freundin Stephanie den Christkindlmarkt besuchte, war ihr Ziel, mich mit einem Foto von ihr auf dem Schoß vom Nikolaus zu überraschen. Seit Monaten hatte ich ihr damit in den Ohren gelegen. Dass am Ende sie die Überraschte wäre – davon ahnte sie nichts.

Mein ursprünglicher Plan war, mir einen Smoking anzuziehen und ihr unverhofft über den Weg zu laufen. Doch nachdem ich am Morgen *Dick und Doof – Rache ist süß* gesehen hatte, fiel mir etwas viel Besseres ein! Nach ein paar Telefonaten fuhr ich zum einzigen Kostümverleih, der eine Palastwachenuniform auf Lager hatte. Als ich den Mitarbeitern mein Anliegen erklärte, legten sie sich mächtig ins Zeug und halfen mir sogar beim Make-up: Das Gesicht mit viel Theaterschminke weiß getüncht, die Wangen rot, der Schnauzbart üppig, sah ich am Ende wirklich aus wie ein Spielzeugsoldat. Es wirkte so echt, dass ich mich kaum im Spiegel erkannte.

Mike, ein Freund, den ich gebeten hatte, meinen Antrag aufzuzeichnen, wartete bereits mit seiner Videokamera (er tat, als ob er seine Kinder auf dem Christkindlmarkt filmte), als ich eintraf. Ich bezog „Posten" neben dem Nikolaus, und wenige Minuten später tauchten Barbara und Stephanie auf.

Aber statt gleich zum Nikolaus zu gehen, trödelten sie herum, begutachteten die diversen Stände, bewunderten die weihnachtlichen Ornamente und Dekorationen. Ich dachte, ich würde sterben! Mein Kostüm war dick und kratzig, auf meiner Stirn und Oberlippe bildeten sich Schweißperlen. Nachdem mehrere Kinder ellenlange Wunschlisten aufgezählt hatten, musste ich mich arg bremsen, um Barbara nicht eigenhändig auf den Nikolaus-Schoß zu zerren! Endlich kam sie, blickte in meine Richtung, erkannte mich nicht und nahm Platz.

Er fragte: „Warst du denn auch ein braves Mädchen dieses Jahr?"

„Aber ja, Nikolaus!"

„Und was wünschst du dir zu Weihnachten?"

Ich hielt den Atem an, beugte mich leicht vor und hörte sie flüstern: „Meinen Verlobungsring."

Idealer hätte der Moment nicht sein können! Vor Nervosität zitternd, kniete ich auf einem Bein nieder und streifte sanft Barbaras Arm. Sie drehte sich herum und sah mich perplex an. Es war klar, dass sie mich für einen als Spielzeugsoldat verkleideten Statisten hielt. Erst als ich den Mund aufmachte, merkte sie langsam, wer ich wirklich war.

Um ehrlich zu sein, kann ich mich an meine genauen Worte nicht mehr erinnern, und auf dem Video waren nur Bruchstücke zu hören. Deutlich sehen konnte man jedoch meine zitternden Hände, als ich den Verlobungsring hervorholte, und die Glückseligkeit auf Barbaras Gesicht.

Am 22. Oktober im darauf folgenden Jahr traten wir vor den Traualtar.

S. & B. J., Kalifornien

„Ich liebe meine Frau"

Mein Mann kam eines Tages, das muss jetzt etwa fünf Jahre her sein, nach Hause und blieb lautstark hupend vor der Garage stehen. „Was ist denn nun los?", wunderte ich mich, neugierig und ein wenig genervt. Ich lief hinaus und konnte meinen Augen kaum trauen. Prompt schlug meine Verärgerung in Staunen und Lachen um. Auf der Seite seines Ford Pickup Bj. 1970 stand in großen, knallroten Lettern: *„Ich liebe meine Frau."*

Diese Botschaft wiederholte sich auf der anderen Seite des Wagens sowie auf dem Heck. Damit nicht genug: Auf die Motorhaube hatte er ein riesiges rotes Herz gemalt – mit Amors Pfeil und „Jim & Barbara" in der Mitte. Im Wageninnern wartete ein rotes Herzkissen auf dem Sitz.

Mit diesem Vehikel fährt mein Mann nun schon Jahre durch die Gegend. Langsam verblasst die Schrift, und er plant, sie demnächst auffrischen zu lassen.

Unnötig zu sagen, dass wir den „Most Romantic Story"-Wettbewerb einer Lokalzeitung gewannen und am Valentinstag auf der Titelseite unserer Tageszeitung landeten.

Und *heute* … der gleiche wundervoll romantische Mann arbeitet an einer Überraschung für mich anlässlich unseres 25. Hochzeitstages am 2. August. Angefangen hat er damit am 3. August letzten Jahres! Seither ist er permanent mit irgendwelchen Vorbereitungen beschäftigt. Wie er sagt, betrifft die Überraschung nur uns beide – eine große Party ist es also nicht. Und er bastelt mir auch nichts, sagt er. Ich bin absolut ratlos.

Allmählich packt ihn die Panik, weil ihm, wie er sagt, die Zeit davonläuft, schließlich habe er nur noch fünf Monate! Über die Dinge, die ihm bei der Vorbereitung widerfahren, führt er Tagebuch, damit wir später gemeinsam darüber lachen können. Ich denke, diese neue romantische Idee ist mindestens so verrückt wie die Sache mit dem Pickup, denn er sagt, Leute, denen er davon erzählt, würden ihm zunächst nicht glauben.

Ich kann es kaum erwarten!!

Übrigens: Mein romantischer Held und ich haben fünf Kinder. Und so sehr wir unsere Kinder lieben, haben wir uns immer Zeit für die Zweisamkeit genommen. Meine Devise: erst Ehefrau und dann Mutter sein. Für mich hat sich diese Reihenfolge bewährt.

Ab und zu habe ich auch verrückt-kreative Einfälle. Vor zwei Jahren habe ich meinem Mann einen Kalender mit erotischen Fotos von mir geschenkt. Eines der Fotos zeigt mich nackt vor dem *„Ich liebe meine Frau"*-Pickup stehend. Selbstverständlich waren die Aufnahmen sehr ästhetisch gemacht. Ein paar hat sich mein Mann sogar an die Magnettafel in seinem Büro gehängt.

B. &. J. K., Kalifornien

Überraschung!

Valentinstag 1989: Mein Freund hatte mich zum Frühstück in seine Wohnung eingeladen.

Als ich eintraf, sah ich den Küchentisch vor dem Kamin im Wohnzimmer stehen: darauf Blumen, Kerzen, ein köstliches Frühstück und mit Ginger Ale gefüllte Champagnergläser.

Bei aller Romantik fiel mir auf, dass mein Freund unruhig auf seinem Stuhl hin- und herrutschte. Nach einer Weile fragte ich ihn, ob etwas nicht stimme.

Er sah mich merkwürdig an, stand auf und verkündete, er habe etwas für mich. Dann griff er sich an die Hose, zog den Reißverschluss herunter und enthüllte … eine herzförmige Notiz, auf der mit orangefarbenem Buntstift stand: „Ich liebe dich“! Der Zettel war mit Paketschnur (!) an seinem *Sie-wissen-schon-was* befestigt. Kein Wunder, dass er nicht sehr bequem gesessen hatte. Das Herz hing schon den ganzen Morgen da.

Ich habe dieses Herz noch immer. Es baumelt an einer Paketschnur am Hals eines Plüschelefanten, den er mir geschenkt hat.

A.L., British Columbia, Kanada

Countdown zur Hochzeit

Ich bin der festen Überzeugung, während unserer Verlobungszeit hat mein Mann Mark heimlich bei Ihnen Nachhilfe genommen (er streitet das heftig ab!). In den zwölf Monaten bis zu unserer Hochzeit würdigte er jeden unserer monatlichen „Negativ-Hochzeitstage“ mit einer kleinen Aufmerksamkeit, die auf die Anzahl der noch verbleibenden Monate bis zu unserem großen Tag verwies.

Tag X minus 11 Monate: Ich dachte, er hätte mir ein Dutzend rote Rosen geschenkt, aber er sagte, es seien nur 11 – eine für jeden Monat bis zu unserem Hochzeitstermin am 9. Oktober 1993. Am Neunten jedes Folgemonats bekam ich: 10 Pralinen (für seine „Süße"!), 9 m&ms (die nasche ich am liebsten), 8 Silberballons alias Hochzeitsglocken (Kommentar überflüssig!), 7 Lottoscheine (ich gewann 7 Dollar! Meine Glückszahl 7!), 6 rote Rosen (geliefert in meinen Friseursalon – sehr zur Freude des Personals, meiner selbst und anderer Kunden), 5 Spielwürfel (weil ich mit ihm „mein Glück versuchte".), 4 Gutscheine für *Victoria's Secret* Dessous (Kommentar überflüssig!), 3 Lilien (die Blumen, die wir für unsere Hochzeit ausgesucht hatten.), 2 „Goofy"-Hausschuhe (einer unserer gegenseitigen Spitznamen), 1 herzförmigen Ballon (bevor er mir einen Monat später sein echtes Herz schenkte!). Auch heute noch, Jahre später, geizt mein Mann nicht mit romantischen Gesten … Daher weiß ich, dass er während unserer Verlobung keine Nachhilfestunden genommen, sondern sich alles selbst ausgedacht hat!

K.&.M.S., Virginia

Bewerbung für ein besonderes Amt

Sehr geehrte H.:

In den letzten Jahren habe ich mich nach bestem Wissen und Gewissen bemüht, die Person zu sein, die Sie sich vorstellten. Und ich habe in diesen Jahren versucht, mein Ziel zu erreichen, in das Amt des Mannes an Ihrer Seite berufen zu werden – noch ohne Erfolg.

Hiermit bewerbe ich mich erneut um die Position Ihrer einzigen, wahren Liebe. Ich bringe zahlreiche Qualifikationen mit, die es mir erlauben werden, diese Position auf Dauer erfolgreich zu bekleiden.

Meine Gehaltsvorstellungen: vollständige Vergebung für eventuell von mir begangene Fehler und Ihre bedingungslose Hingabe an unsere Beziehung.

Beigefügt finden Sie eine Kopie meines Lebenslaufs zur Ansicht. Bitte überprüfen Sie alle Angaben gründlich, wenn Sie mich für dieses Amt, das ich mir so sehr wünsche, in Erwägung ziehen. Haben Sie vielen Dank für Ihre Zeit.

In Erwartung Ihrer baldigen Antwort
Für immer … in Liebe
D.E.V.

D.E.V., Ohio

Eine Sonderausgabe für die Liebe

Ich wollte für meinen Freund am Valentinstag etwas Besonderes machen. Die Erleuchtung kam mir mit der Verknüpfung zweier Fakten: erstens, dass Kory als Lifestyle-Redakteur bei unserer lokalen Tageszeitung, der *Evening News*, arbeitete, und zweitens, dass ich vor kurzem einen Zeichenkurs am College belegt und haufenweise Zeitungspapier für Übungszwecke übrig hatte.

Ich beschloss, eine besondere Zeitung für Kory zu basteln. Statt *Evening News* hieß mein Blatt *The Loving News.*

Ich faltete das Papier auf das gleiche Format wie das Original, und auch Layout und Grafik passte ich an die *Evening News* an.

Ich schrieb einen Leitartikel über unsere Beziehung. Auf der Sportseite brachte ich einen Artikel über Korys Basketball-Liebling Chris Mullin (und wie Kory dessen Karriere gefördert hatte!). Ich verfasste Gedichte für die Poesie-Ecke, textete ein Kreuzworträtsel und schrieb eine Reihe anderer Rubriken über uns, unsere Beziehung, unseren Alltag und unsere Liebe. All das würzte ich mit viel Humor, damit er es ja nicht für zu „kitschig" hielt.

Ich brauchte mehrere Tage für mein Projekt – aber der verblüfft-freudige Ausdruck auf Korys Gesicht war jede Minute davon wert.

L.R., Indiana

Der erste Kuss

In meinem ersten Jahr am College veranstalteten wir zum Nikolausabend eine Geschenkelotterie. Alan zog das Los mit meinem Namen. (Damals wusste ich nicht, dass er die Tasse unten markiert hatte, um nichts dem Zufall zu überlassen. Ich war absolut ahnungslos.)

Zwei Monate später, kurz nach Valentinstag, lag eine Schokoladenrose in meinem Briefkasten. Auf der Notiz stand: „Ein heimlicher Verehrer". Nachdem ich zwei weitere Rosen bekommen hatte, fragte ich Alan per E-mail, ob er mein heimlicher Verehrer sei. Er gestand sofort. Inzwischen wartete eine rote Rose auf mich.

Wenig später bat Alan mich, ihm bei einer Theateraufführung zu helfen. Er war für die Beleuchtung aller Aufführungen an unserem College verantwortlich. Wir hatten schon vorher zusammengearbeitet, da ich mich um die Musik kümmerte. Doch dieses Mal lief die Sache etwas anders ...

Alan wollte, dass ich mich in die Mitte der Bühne stellte, während er einige Lichtkonstellationen testete. Dann projizierte er verschiedene Kulissen auf den Monitor hinter mir. Und sagte, jede davon habe er als Szenario für unseren ersten Kuss in Betracht gezogen. Ich wurde ganz steif vor Erwartung! Er zeigte einen Wald. Eine City-Skyline in der Dämmerung. Einen leeren Strand. Einen sternenbedeckten Himmel. Dann meinte er, schließlich sei ihm klar geworden, dass der Ort keine Rolle spielte. Die Bilder verschwanden, der Monitor wurde in ein weiches, romantisches blaues Licht getaucht. Und …

Seitdem sind eineinhalb Jahre vergangen und wir inzwischen verlobt.

L.I., New Jersey

Meerjungfrau am Haken

Eine meiner romantischen Lieblingsepisoden spielte sich ab, als ich auf den griechischen Inseln jobbte. Die malerische Atmosphäre dort eröffnet eine Fülle an Möglichkeiten.

Meine freien Tage verbrachte ich mit Schnorcheln, Tauchen und Unterwasserfischen. Einer der romantischsten Tage meines Lebens begann, als meine Augen einer wunderschönen Italienerin begegneten, die Touristen im Wasser-Taxi zu einem nur per Boot zu erreichenden Strand brachte. (An sich schon ein romantisches Konzept, finden Sie nicht?!) Unsere Augen trafen sich durch meine Taucherbrille hindurch. Ich trug riesige Schwimmflossen, ein Messer und eine Harpune. Was muss sie bloß für einen Eindruck von mir gehabt haben! Ich sprang in das kühle Nass, auf der Suche nach Fischen. Ich hatte keine Ahnung, dass ich am Ende eine Meerjungfrau am Haken haben würde.

Zwanzig Minuten später – ich war fast einen Kilometer von der Küste entfernt und sieben Meter unter Wasser – schwamm ein prächtiger Fisch an mir vorbei. Ich landete einen Volltreffer und tauchte japsend und jubelnd, mit einem zappelnden Fisch an meinem Dreizack, an der Wasseroberfläche auf. (Ich schildere die Szene bewusst lebhaft.) Da sah ich die Frau vom Wasser-Taxi. Sie paddelte keine zehn Meter von mir entfernt im Wasser und beobachtete meine Show, unverhohlen amüsiert. Einen günstigeren Auftakt hätte ich mir nicht wünschen können. Als ich mich vorstellte (krampfhaft bemüht, mich nicht ablenken zu lassen, denn sie sah aus wie eine Göttin), musste ich erfahren, dass sie nur Italienisch konnte. Ich spreche Griechisch, Englisch, ein paar Brocken Französisch und Spanisch – aber kein Italienisch.

Ob das eine Hürde für uns war? Keine Spur! Wir verabredeten uns zum Abendessen im einzigen italienischen Restaurant der Insel.

Ich muss gestehen, zu meinen romantischen Tricks gehört, mich mit Restaurantbesitzern anzufreunden. Mit diesem hier setzte ich mich vorher zusammen, plante ein paar Überraschungen, zahlte die Zeche im voraus, worauf … unser Essen am Abend von Geige und Akkordeon begleitet wurde, auf unserem Tisch Rosenblätter verstreut waren, und die Kellner dafür sorgten, dass das Weinglas meiner Begleiterin nie ganz leer war.

Der beste Teil kam, als ich um die Rechnung bat. Der Kellner tat beleidigt und bestand darauf, dass wir nichts zahlten. Warum nicht?, wollte ich wissen. Da erklärte er – auf Griechisch *und* Italienisch – weil „Sie beide so ein schönes, schönes Paar sind, und es Zeiten gibt, wo die Liebe selbst in ein Restaurant kommt und es ein Frevel wäre, sie mit etwas Vulgärem wie Geld zu assoziieren!"

A.M., Maine, USA/Griechenland

Arlo …
Arlo, bitte!
Ich versuche zu lesen!
JOHNSON 9/14
Und was liest du?
„Zehn Wege, die Lust ihres Ehemanns neu zu wecken"

Stichwortverzeichnis

E

F

G

H

I

K

L

M

N

O

P

R

S

T

U

V

W

Z